大众化发展阶段的
高等教育理论与实践研究

贺　兰／著

北京燕山出版社

图书在版编目（CIP）数据

大众化发展阶段的高等教育理论与实践研究 / 贺兰
著 . — 北京 : 北京燕山出版社 , 2022.10
ISBN 978-7-5402-6719-3

Ⅰ . ①大… Ⅱ . ①贺… Ⅲ . ①高等教育—大众化—研
究—中国 Ⅳ . ① G649.2

中国版本图书馆 CIP 数据核字（2022）第 206306 号

大众化发展阶段的高等教育理论与实践研究

著者：贺兰
责任编辑：邓京
封面设计：马静静
出版发行：北京燕山出版社有限公司
社址：北京市丰台区东铁匠营苇子坑 138 号
邮编：100079
电话传真：86-10-65240430（总编室）
印刷：北京亚吉飞数码科技有限公司
成品尺寸：170mm×240mm
字数：214 千字
印张：12.75
版别：2023 年 4 月第 1 版
印次：2023 年 4 月第 1 次印刷
ISBN：978-7-5402-6719-3
定价：73.00 元

前　言

　　教育是民族复兴的基石。教育兴，则民族兴；教育强，则国家强。如今，一个国家的强弱越来越取决于劳动者的素质，而教育是提高劳动者素质的根本途径。因此，许多国家都非常重视教育，我国则将教育置于优先发展的战略地位。当前，我国正处于加快改革开放和现代化建设的新时期。社会主义市场经济体制的建立完善、社会生产力的快速发展和社会的全面进步对教育提出了更高的要求。为适应社会主义现代化建设的需要，教育面临着加快改革和发展的紧迫形势。加强教育学理论研究，促进教育学学科建设，为加快教育改革与发展做出贡献，是教育理论工作者的一项重要任务。

　　高等教育作为教育体系的最高层次，承担着人才培养、科学研究和社会服务等多重职能，其重要地位日益突显出来。高等教育大众化是社会生产和人民生活发展到一定阶段必然出现的社会需求，也是中国实施科教兴国的必由之路。随着社会的不断发展，世界高等教育大众化和普及化势不可当。我国高等教育通过 20 世纪末以来的大发展，已经进入大众化阶段。然而，我国还不是世界高等教育强国，与其相比，最大的差距表现在学术水平、教学观念和教学方法等方面，说到底是师资队伍仍然不能适应建设高等教育强国的需要。高等教育学作为一门专门研究高等教育现象和问题、探索高等教育规律的学科，可以帮助高校教师特别是青年教师学习和掌握高等教育规律，以便适应教师岗位、胜任教学工作、提高教学水平。鉴于此，特撰写了本书。

　　本书共包括八章内容。第一章和第二章分别对高等教育和高等教育大众化发展的基本理论知识进行了简要阐述，第三章至第八章则分别对大众化发展阶段高等教育的功能与目的、教师与学生、制度、人才培养、教学与科研、社会服务职能进行了研究。总体来说，本书结构清晰明了,理论明确系统,具有全面性、实用性等特点。

　　本书在撰写过程中参阅了许多有关高等教育方面的著作,也引用了许多专家和学者的研究成果,在此表示最诚挚的谢意!由于时间仓促,作者水平有限,错误和不当之处在所难免,恳请广大读者在使用中多提宝贵意见,以便本书的修改与完善。

作　者

2022 年 6 月

目　录

第一章

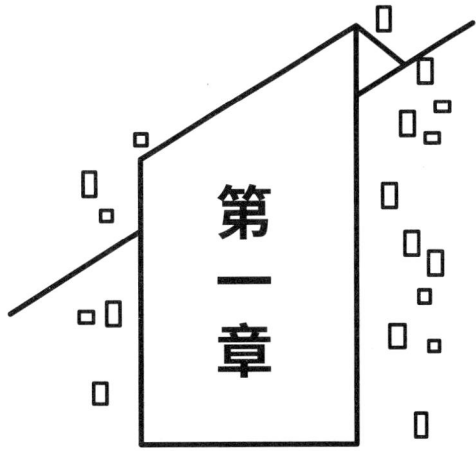

高等教育概述

教育通过对人的培养而服务于社会和个体,是一种培养人的社会实践活动。不同社会历史时期的教育活动尽管各有差别,但是教育活动总是有规律可循的。只有当社会生产力发展到一定水平,社会需要高度智慧的人时,高等教育才会出现在人类的社会实践中。高等教育是一个动态的概念。在其产生和发展的历史过程中,其形式不断变化,功能不断丰富。

第一节　教育及其规律

一、教育的概念

教育有广义和狭义之分。

（一）广义的教育

广义的教育是指人类有意识地以影响人的身心发展为直接目标的社会活动。它包括家庭教育、社会教育和学校教育。

（二）狭义的教育

狭义的教育是通过专门机构进行的，主要是指学校教育。学校教育具有以下显著的特点。

第一，教育目的明确。

第二，有专门的教育机构。

第三，有专门的教育者。

第四，教育内容经过精心设计。[①]

二、教育的本质

教育的本质，即教育是什么，被普遍视为是教育学的第一问题。弄清楚教育的本质，学习者就可据此把非教育、伪教育与教育区别开来，教育实践者也可据此对自己或他人的教育行为进行监控和评价。对于教育到底是什么的问题，教育学界众说纷纭。但从各派的争论中可以得出以下共识。

---

① 许文果.教育学简明教程[M].广东：暨南大学出版社，2020.

（一）教育是人类特有的活动

教育是人类特有的活动，可以从以下几方面体现出来（表1-1）。

表1-1　教育是人类特有的活动

教育是人类特有的活动	具体阐述
人类的教育是有意识的活动	动物和人类都会爱护和照顾后代。然而动物对后代的爱护和照顾只是一种本能需要，人类教育发生的基础却不只是本能的需要，还有人的主体性所意识到的个体需要或社会需要。人类的教育一开始就是建立在主体意识基础之上的，不仅为了解决个体生存问题，更重要的是满足改造环境和发展自身的需要
人类的教育是系统传递知识、经验、技能和思想的活动	动物不能把经验概括成知识和技能等系统地传给下一代，而人类则是有语言、有意识的，能够把经验积累起来并将之变成丰富的知识、技能、思想体系等，有效地传给下一代

（二）教育以培养人作为直接目的

教育以培养人作为直接目的，这主要表现在以下几方面（表1-2）。

表1-2　教育以培养人作为直接目的

教育以培养人作为直接目的	具体阐述
教育的对象是"人"	教育与政治、经济、科学、文化、环境以及日常生活等各方面的联系，都是通过"人"产生和发展的。教育对社会的影响其实就是"人"对社会的影响。因此，人对社会的影响是积极还是消极取决于教育对人的影响是积极还是消极。作为教育者，必须把学生当成一个有血有肉有情感的人来对待，教育才有可能实现其培养人的终极目的
教育的过程是影响"人"	在教育这个漫长的过程中，教育者必须针对人的心理和生理特点并遵循科学的方法，付出极大的耐心和爱心，教育才有可能达到培养人的目的。不然，不仅实现不了教育目的，还有可能对人造成不好的影响甚至是创伤
教育的结果是变成"人"	在工厂里，工人生产出实实在在的物品，几乎都是可以看得到、摸得着的，但作为教育对象的人却不一样。从外表来看，他在受教育之前是这个样子，受教育之后，还是这个样子，似乎看不出他有什么变化。而实际上，他的认知、心理有可能已经发生了翻天覆地的改变。教育者对他的所有影响内化为他的内在认知，或者是思想情感，抑或是各个方面的改变和提升。接受教育的人从无知到有知，变成一个既提升了自己又对社会有益的高素质的人

（三）教育过程的根本矛盾是教育目标与受教育者实际发展水平之间的矛盾

教育过程的根本矛盾是教育目标与受教育者实际发展水平之间的矛盾，主要表现在以下几方面（表1-3）。

表1-3　教育过程的根本矛盾是教育目标与受教育者实际发展水平之间的矛盾

教育过程的根本矛盾是教育目标与受教育者实际发展水平之间的矛盾	具体阐述
教育目标与受教育者实际发展水平之间的矛盾影响着教育过程中其他要素之间的矛盾	教育过程牵涉多方关系，如受教育者实际水平与教育内容之间的矛盾，教育者的教学能力与教育内容之间的矛盾，社会发展情况与教学手段之间的矛盾等。但这些矛盾归根结底都来自教育过程的根本矛盾，即教育目标要求与受教育者实际发展水平之间的差异所构成的矛盾。只要这个根本矛盾消失了，其他的矛盾也就随之消失
教育目标与受教育者实际发展水平之间的矛盾影响整个教育过程	教育过程中所采取的一些措施都是为了缩小甚至消除这一矛盾所造成的差距。每当一个阶段的差距消除，这一阶段的教育过程就算完成，教育随之进入了新的阶段，并遇到新的矛盾。教育正是在不断解决这样的矛盾中得到发展。从另外的层面上看，教育目标反映了特定社会的需求，因此这一矛盾实际上是社会发展需求与人的实际发展程度之间的矛盾。教育是解决这一矛盾的最好途径

三、教育的基本规律

教育作为一种社会活动，其过程要遵循一定的规律。教育规律是一切教育工作必须遵循的客观法则，包括教育必须同国民经济和社会发展相适应，教育必须保持内部结构比例的合理，教育必须与受教育者身心发展水平相适应等基本规律。其中最基本的规律有两条：教育与社会发展关系的规律、教育与人的发展关系的规律。教育与社会发展关系的规律又称为教育的外部关系规律，教育与人的发展关系的规律称为教育的内部关系规律。

（一）教育的外部关系规律

教育外部关系规律是指教育活动过程与整个社会及其他子系统的活动过程存在着的相互作用的必然联系。教育外部关系规律可以表述为教育必须与社会发展相适应，这一适应包含两个方面的意义。

第一，教育要受一定社会的经济、政治、科技、文化等所制约。

第二，教育要对一定社会的经济、政治、文化的发展起作用，以推动社会的进步。

（二）教育的内部关系规律

教育的基本任务是培养人，培养一代又一代新人，促进人的发展。人的培养是一个复杂的过程。在这个过程中，有很多因素。它们之间存在着必然的联系，对不同层次、不同方面的教育效果起着一定的作用。最基本的关系和功能主要包括以下几个方面。

第一，教育与教育对象身心发展和人格特征的关系。教育过程不仅要受教育对象的身心发展和个性特征的制约，还要引导和促进教育对象的身心发展达到预期的培养目标。

第二，人的全面发展与教育各组成部分之间的关系。在教育过程中，必须促进德、智、体、美、劳全面发展。

第三，教育者、学习者、教育影响力之间的关系。在教育过程中，要充分发挥教师的主导作用、学生的主动性，善于利用教育影响力，取得最佳的教育效果。

教育内部关系的基本规律就是这些关系和功能的总和。这些关系的作用制约着整个教育过程。在教育过程中，我们必须正确处理这些关系，充分发挥它们的作用，才能达到预期的育人目的。

四、教育规律的发展趋势

教育规律是随着社会发展而不断发展的，从教育发展趋势来看出现了如下发展趋势（图1-1）。

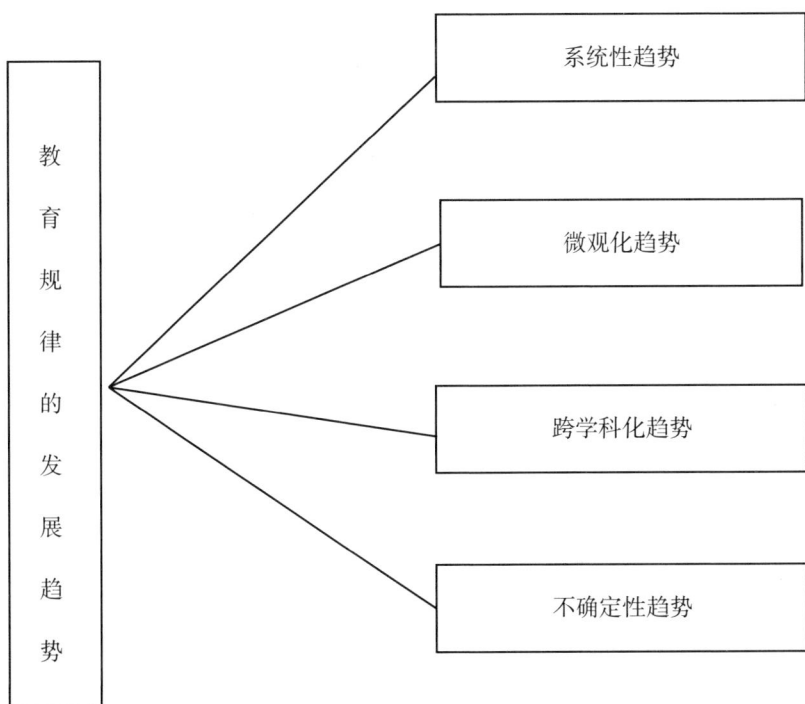

图 1-1　教育规律的发展趋势

（一）系统性趋势

随着社会的发展，人们在研究教育规律时逐渐摆脱了以往的随机性，在寻求教育规律的同时关注不同的教育领域，总结出教育与社会生产力、教育与人口、教育与政治经济制度、教育与社会文化之间相互制约的规律，根据这些相互制约关系，考察教育内部要素的相互关系，归纳出教学、学习、班级管理、师生互动等规律。这些规律是教育工作者不得不了解、不得不遵从的规律，也是影响教师能不能当好教师的关键因素。教师对教育的系统性规律掌握越好，就越能成为好教师。

（二）微观化趋势

当教育法过于宏观时，就会缺乏可操作性，不能具体指导教育行为。例如，教育与生产力之间的规律过于宏观，无法对人们的教育行为产生较大影响。如果人们在研究教育规律时，更多地关注微观层面的问题，因此便有了一系列的研究，如理解性教学、理解性学习、反思性教学、反思性学习、建构性教学、建构性学习等。甚至出现了更为微观的研究，如备课方法研究、课堂教学过程研究、课堂组织对教学效率的影响研究、教师语言艺术对教学效率的影响研究、教师课堂教学时间对教学效率的影响研究等。这样的研究使得教育越来越微观化。

（三）跨学科化趋势

今天的教育打破了学科界限，追求人的全面发展在今天的教育中体现得更加明显，虽然课程界限分明，但解决问题的思路和方法绝对不是单一的。教育的这种趋势就要求今天的教师必须要有多学科宽领域的知识。遗憾的是，现在的许多教师不求上进，除了自己所教学科的知识，其他的知识涉猎非常少。

（四）不确定性趋势

随着社会的不断发展，人们的身体、心理、情感和精神发展呈现出新的发展趋势。随着这一变化，教育的发展也不断经历着从不确定性到确定性，再到不确定性的过程。今天的教师在工作中面临诸多不确定性因素，许多教育的突发性事件成为教师最棘手的问题。所以，今天的教师要有应对教育不确定性趋势的心理准备、知识准备和能力准备。在以往我们从来没有听说教师行业是个高危行业这个概念，如今这个话题高频率出现在媒体网络和各种社交平台，使教师这个太平的职业变得越来越不太平，这就是教育不确定性趋势的表现。

第二节　高等教育概述

一、我国高等教育的学制

目前，我国高等学校学制，从形式结构上看，主要有普通高等学校、职业大学和成人高等学校三类（图1-2）。

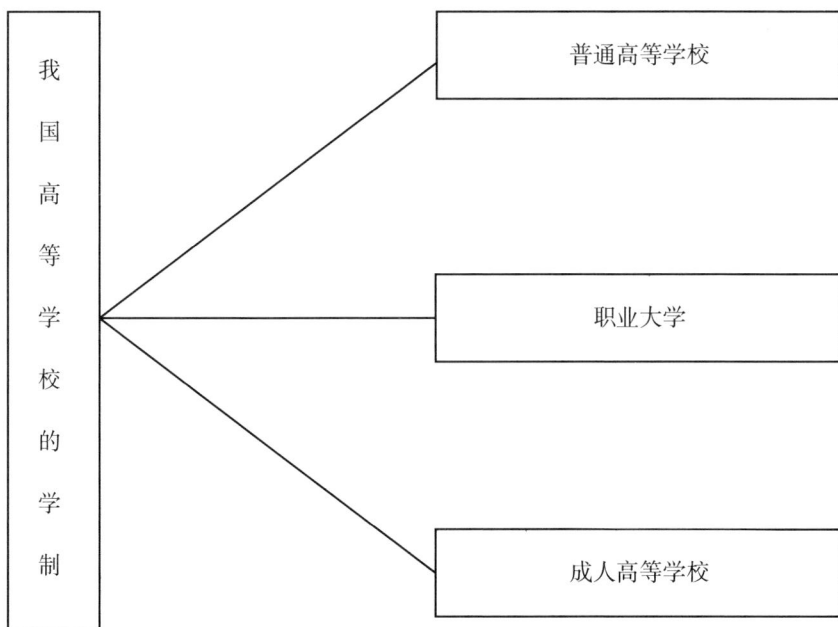

图 1-2 我国高等学校的学制

（一）普通高等学校

普通高等学校一般为中央部委或地方办的全日制院校,入学经国家规定的专门考试择优录取,实施学历教育。全日制普通高等学校根据其培养目标及学习年限的不同,分为下列三个层次(图 1-3)。

1. 高等专科学校

高等专科学校招收高中毕业生或具有同等学力的青年,修业年限为2 ~ 3 年。除学习必要的基础理论外,主要注重实际应用技能的训练,培养中级的技术人员和管理人员。

2. 大学和专门学院

这是我国高等学校系统的基本层次,主要包括部分综合性大学和大量的分别以工、农、林、医、师范、政法、财经、体育、艺术等科目为主的大学或学院,主要学习基础理论和专业知识与技能,培养各类高级专门人才。这类学校招收高中毕业生或具有同等学力的青年,修业年限一般为

4年,少数专业为5年。

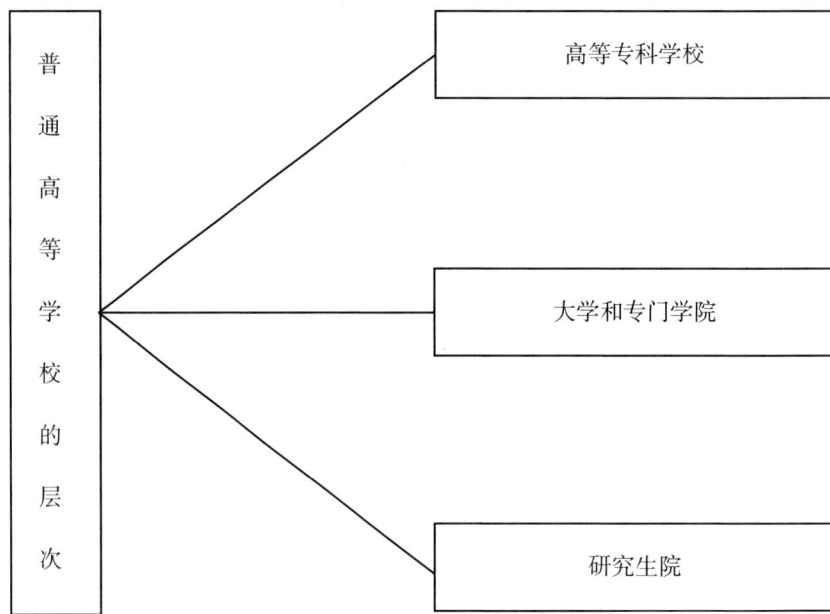

图 1-3 普通高等学校的层次

3. 研究生院

研究生院一般不是教育实体,而是组织和管理研究生教育的单位,设在大学、专门学院或有关科研单位中。目前,我国研究生教育划分为硕士研究生教育和博士研究生教育两个层次,培养目标分别是具有从事本专业实际工作或者科学研究工作能力的高级专业人才和具有独立从事本学科创造性研究工作和实际工作能力的高层次专业人才。通常硕士研究生教育的修业年限为2～3年,博士研究生教育的基本修业年限为3～4年。

(二)职业大学

职业大学一般是由省、市举办的全日制的、职业性质的短期大学。修业年限一般为2～3年,相当于专科学校。职业大学一般是根据本地区的需要而兴办的,学习内容是各种职业所需要的基础理论和实际技能。学生来源为本地区的高中毕业生或具有同等学力的青年。

（三）成人高等学校

成人高等学校属于就业后的继续教育体系，一般为业余学习，也有全日制或半日制的。主要招收在职人员，也有一些学校招收部分社会青年入学。学习年限根据实际情况有较大的伸缩幅度。目前，我国成人高等学校系统在形式上可分为以下几种（图 1-4 ）。

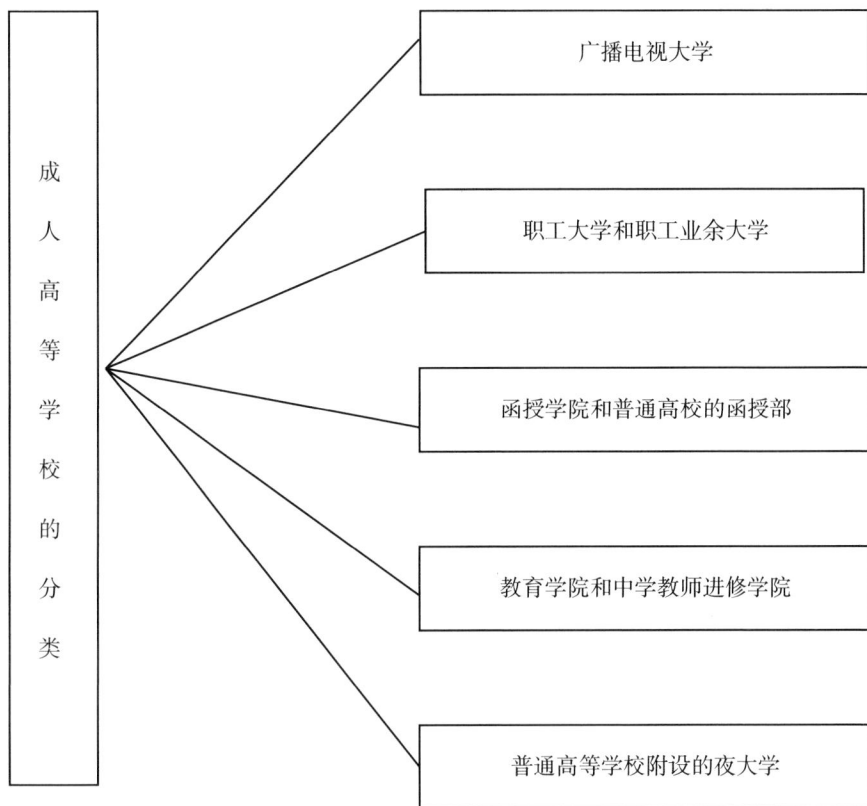

图 1-4　成人高等学校的分类

1. 广播电视大学

广播电视大学是一种新型的开放性大学，它主要利用现代化教学手段实施远距离教育，可以突破空间以及时间的限制，面向全国、全社会，在远距离更大范围内办学，学制灵活。培养规格以全日制普通高等专科毕业生水平为准。主要招生对象为社会上具有高中毕业程度的人员以及应届高中毕业生,通过考试录取。

2. 职工大学和职工业余大学

职工大学和职工业余大学一般按行业或企业兴办,对口学习,易见成效,主要招生对象是社会企事业单位的职工,培养层次大多为专科。学习方式为脱产或业余形式,脱产学习期限一般为 2 ~ 3 年,业余学习期限一般为 4 ~ 5 年。

3. 函授学院和普通高校的函授部

函授教育是以自学为主、面授辅导为辅的一种远距离教育形式。我国函授教育除独立的函授学院外,大多是普通高等学校所举办的函授部。招收对象一般为具有高中毕业程度和大专文凭的在职职工,通过入学考试择优录取。学习期限:高中毕业起点,本科为 5 ~ 6 年,专科为 3 ~ 4 年,专科起点升本科一般为 2 ~ 3 年。学生毕业后颁发专科学历证书或本科学历证书。

4. 教育学院和中学教师进修学院

教育学院和中学教师进修学院是作为提高中等学校教师和学校行政管理人员水平的教育形式。一般采用脱产学习的方式,补充与提高有关学科知识、教育理论与教学方法以及学校管理的知识与能力。经过规定时间的培训或进修,达到一定要求,颁发结业证书。

5. 普通高等学校附设的夜大学

利用普通高等学校的师资设备,举办成人高等教育,既有利于挖掘潜力,扩大学生数量,也能提升教学质量。此类大学招收对象以专科教育为主,部分为本科。夜大学的学习年限一般为 3 年。

除了以上由具体机构承担的成人教育以外,我国还建立了高等教育自学考试制度。高等教育自学考试制度是鼓励有志青年自学成才,通过考试为国家选拔人才的新型教育制度。参加自学考试的对象,不受学历、年龄限制。自学考试由省、市、自治区高等教育自学考试委员会组织,按照专业计划,分学科进行考试,累计学分达到毕业标准,颁发毕业证书。

二、高等教育的功能

高等教育的功能如图 1-5 所示。

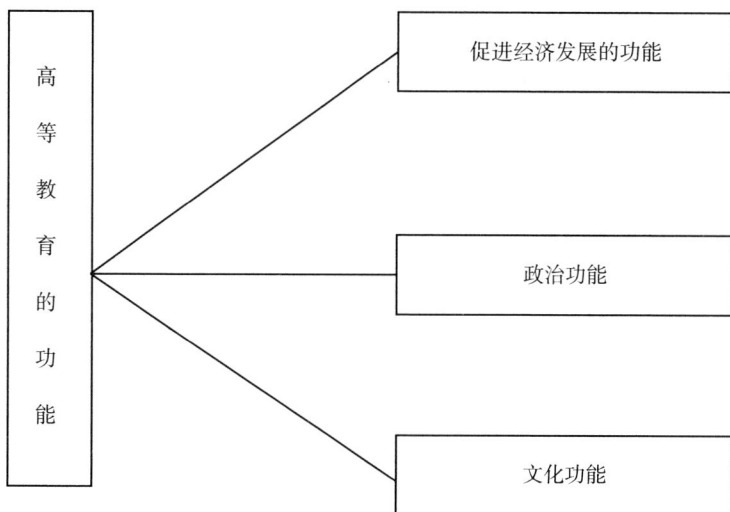

图 1-5　高等教育的功能

（一）促进经济发展的功能

高等教育主要是通过培养高级专门人才来推动经济的发展，其推动作用主要表现在以下几个方面（表 1-4）。

表 1-4　高等教育促进经济发展的功能

高等教育促进经济发展的功能	具体阐述
高等教育促进经济增长	高等教育促进经济增长主要表现在两个方面：一是可以培养经济发展所需要的高级专门人才；二是高等教育可以通过调整和更新教育内容的方式，用最新的科技成果武装高校毕业生的头脑，使之适应产业结构的更新换代

续表

高等教育促进经济发展的功能	具体阐述
高等教育通过生产和再生产科学技术，促进经济的发展	科学技术是教育的重要内容,教育对科学技术的作用,主要体现在两个方面:一是再生新的科学技术;二是生产新的科学技术。科学技术的再生产是相对于科学技术的生产而言的。科学技术的生产是直接创造新科学的过程,即科学研究过程;科学技术的再生产则是将科学生产的主要产品经过合理地加工和编排,传授给更多的人,使他们能够充分地掌握前人创造的科学成果,为从事新的科学技术生产打下基础的过程
高等教育能够产生一定的经济效益	高等教育对个人收益有很大的贡献,高等教育可以提高受教育者的科学文化技术水平,改善其劳动质量,从而提高受教育者收入。同时,高等教育可以增加受教育者的无形收入。高等教育不仅对于个人具有重要的投资价值,对于一个国家来说,教育同样具有极其重要的作用。例如,美国经济之所以强盛不衰,其主要动力是来自高水平的人力资源、发达的教育水平和先进的教育科技发展策略
高等教育本身就是一项巨大的产业	教育服务以其特有的独立性,呈现出直接产业性。经过多年的改革开放,我国的综合经济实力有了很大的提高,越来越多的家庭舍得把钱用于改善生活、增进健康和子女的培养上,特别是希望子女得到高层次的教育,向高等教育的扩大,又吸纳了大量的社会劳动力。所以,从这个意义上说,教育服务具有直接产业性

（二）政治功能

高等教育在受到政治制约的同时,也会对政治制度产生一定的作用。具体来说,高等教育的政治功能主要表现在以下几方面（表1-5）。

表1-5 高等教育的政治功能

高等教育的政治功能	具体阐述
通过教育,宣传一定的政治观点、理论、方针、路线,在政治斗争中造成舆论	要使政府制定的政治纲领、方针、路线、政策为群众所接受,也必须进行宣传。学校是造成政治舆论的一个重要场所。学校是知识分子与青年聚集的地方,政治敏锐性很强,在高等学校中更是如此。学校的政治局势安定与否会对社会产生一定的反作用,它常常对社会政治舆论也起着推波助澜的作用
组织学生直接参加社会政治活动	这样做的目的一方面是直接促进社会和政治活动的发展;另一方面,使学生在斗争中形成一定的政治观点,积累参与政治活动的经验

续表

高等教育的政治功能	具体阐述
培养具有一定政治态度、思想意识的人	高等教育通过培养具有一定政治态度、思想意识的人,在维护和巩固一定的政治制度中发挥积极作用

此外,任何政权,在国家管理上都需要一批专门的人才。为此,需要办一些专门为培养政治干部或者提高干部水平的学校,如我国的党校、行政人员管理学院与培训中心等。这些人员的选拔、培养或提高对国家政治面貌有很大影响。

(三)文化功能

高等学校作为一种文化机构,是通过具体的教育和研究活动来影响和反作用于文化的。概括来说,高等教育的文化功能主要表现在以下几方面(表1-6)。

表1-6 高等教育的文化功能

高等教育的文化功能	具体阐述
高等教育具有传递、保存文化的功能	高等教育传播文化。它使人们能够快速、经济、有效地拥有人类创造的精神文化财富的精华,并迅速发展成为具有吸收、欣赏和创造文化能力的"文化人"。同时,高等教育将人类精神文化财富内化为个人精神财富。这样,教育也具有保护文化的功能
高等教育具有传播、丰富文化的功能	教育作为文化交流的重要手段,具有丰富文化的功能。教育使人们学会更好地沟通,并从人际沟通中受益。文化交流与教育的互补性日益增强
高等教育具有选择、提升文化的功能	所谓高等教育对文化的选择,即是为了适应时代发展的要求,对社会文化的糟粕必须摒弃,精华则有待发扬。高等教育可以对文化进行筛选,汲取文化的精华作为教育的内容,并通过一整套价值标准和评价手段进一步保证和强化这种选择的方向性
高等教育具有创造、更新文化的功能	高等教育是国际、国内学术交流的主要领域,通过相互交流,高等教育可以发挥其吸收、融合各种文化的功能。高等教育通过对外开放,在国际文化交流的过程中,选择、引进优秀的外来文化,把其积极因素融合到自由民族文化中,从而创造出更符合本国国情的新文化

第三节　高等教育的发展历史

一、教育的发展历史

(一)原始社会的教育

原始社会教育的特征直接由原始社会生产力发展水平和社会制度所决定,其特点概括起来有以下几方面(图 1-6)。

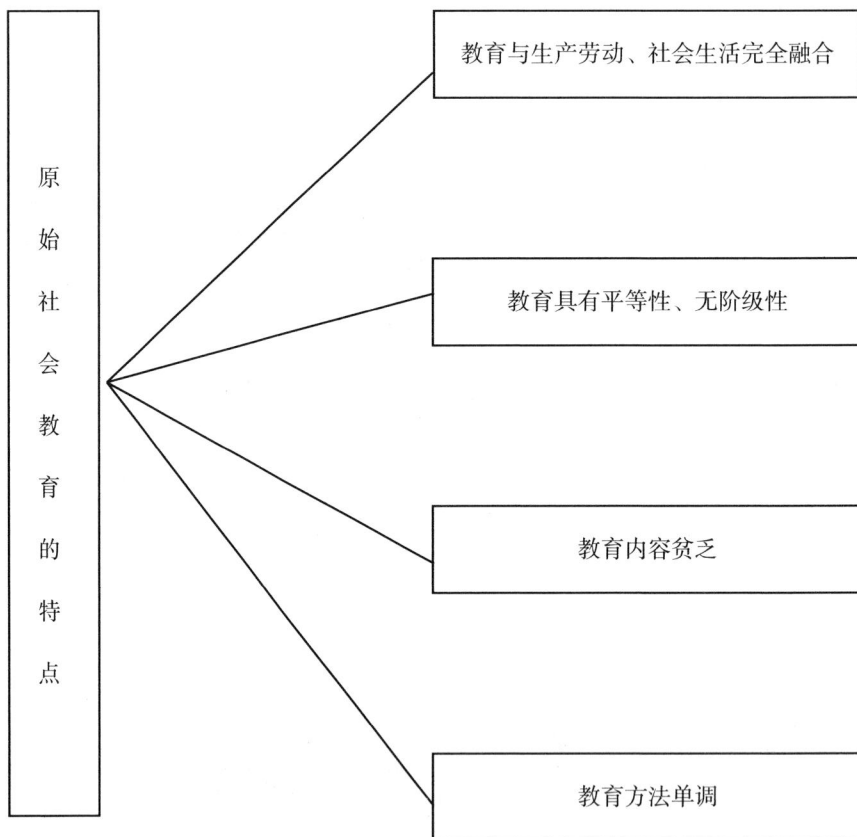

图 1-6　原始社会教育的特点

1. 教育与生产劳动、社会生活完全融合

原始社会生产力水平很低,无剩余产品,需人人劳动,儿童、青少年跟随有经验的长者共同劳动,同时学习各种生产、生活经验。没有专门的教育机构让专门的人去实施和接受教育,教育存在于物质生产、社会生活中,人们之间相互交流,并注意模仿别人,由于这种模仿是有意识地受到引导,因此原始教育已包含自觉有目的地实施的特点,但由于尚未从其他社会活动中独立分化出来,表明人类实施教育的自觉程度很低。

2. 教育具有平等性、无阶级性

原始社会没有阶级之分,教育一律平等,仅在内容要求上有年龄差异、性别差异,女孩子跟随成年妇女一起做饭、制造器皿、缝制衣服,男孩子跟随成年男子一起参加制造工具、打猎、捕鱼。

3. 教育内容贫乏

由于原始社会的劳动和社会生活极其简单,加之当时劳动和生活经验难以保存和积累,因而教育内容就十分低级和简单,内容大致有四个方面。

第一,改造居住条件,与自然灾害搏斗的经验。

第二,制造、使用工具从事渔牧、狩猎、种植的经验。

第三,宗教祭祀、社会道德礼仪的经验。

第四,部落之间进行斗争的经验。

4. 教育方法单调

原始教育的方法主要是口耳相传、示范模仿。原始社会还没有文字,教育就是在社会生产和生活中通过"教育者"的言传身教和"受教育者"的听讲、观察、模仿和记忆而进行的。

(二)古代社会的教育

古代社会包括奴隶社会和封建社会,这两个不同的历史阶段存在着许多相同之处,如同属剥削阶级社会形态,同是自给自足的自然经济形态,因此其教育也存在共同的特征。

1.古代学校教育的产生

一般认为,学校教育正式产生于奴隶社会初期。学校是人类社会发展到一定阶段的产物。一般来说,学校的产生需要具备以下几个条件(表1-7)。

表1-7 学校产生的条件

学校产生的条件	具体阐述
生产力有了一定程度的发展,社会上出现了相当数量的剩余劳动产品	有一部分人可以脱离物质生产劳动专门从事精神、脑力劳动,产生体力劳动和脑力劳动的分工,出现了专门从事管理、系统整理总结人类各种经验活动的知识分子,专门从事教育活动的教育者和受教育者
产生了文字记载、储存经验的物质工具,口头语言与书面语言开始分化	人类各种经验有相当数量的积累,经过系统整理,使下一代系统地承受人类社会所积累的经验。这些都说明,学校的产生是以社会的一定发展水平为基础的。学校教育的出现,标志着教育从人类社会生活实践中分离出来,成为相对独立的专门的社会活动和社会部门,从而大大提高了教育实施的自觉程度

2.古代学校教育具有鲜明的阶级性和等级性

古代学校教育的目的是培养社会所需要的统治者或维护者,即少数统治阶级、剥削者子弟。封建统治阶级内部,受教育权也具有严格的等级性,必须具有相当官职的子女及豪绅的子女才能进入相应级别的学校。农民、奴隶与学校无缘,奴隶只是会说话的工具,毫无人身自由,被剥夺了受教育的权利。能不能受教育、受什么样的教育是社会地位区别的标志。

3.古代学校教育与生产劳动相脱离

古代学校教育的目的决定了学校教育是统治阶级子弟的专利,劳动人民被排斥在学校教育体系之外。这样的学校教育必然与生产劳动相分离。在统治者看来,教育是"劳心"者的专利,"劳力"者不配进学校受教育,也没有必要受教育。

(三)近现代社会的教育

从总体上来看,近现代教育一脉相承,呈现以下特点和趋势(表1-8)。

表 1-8　近现代教育的特点和趋势

近现代教育的特点和趋势	具体阐述
教育得到不断普及	各个国家都不断提高普及义务教育的程度和水平,扩大教育对象,而且把普及教育的程度作为现代社会发达与否的标志
教育密切联系社会	在现代社会,一方面,社会政治、经济、文化意识的变化导致了教育的变革;另一方面,教育通过为社会提供人才支持和科技服务,使教育成为社会发展的重要动力
教育形式多样化	学校教育远远不能满足当今社会各行各业成员的学习需求,因此教育形式越来越多样化。除了学校教育,还有家庭教育、社会教育;有面授教育,还有函授教育;有普通大学的教育,还有电视大学、自学考试大学的教育等;有直接面授的教育,还有网络远程教育等。特别是近年来网络在线课程的盛行,使得教育无处不在,无时不有
教育内容走向综合	近现代社会的发展需要精通某个领域的专门人才,也越来越需要具有综合素质的全面发展的人才,这就使得现代教育的内容逐渐走向综合。教育注重自然科学和社会科学的融合,在学科设置上也注意交叉学科的设置等
教育手段现代化	传统的教育手段基本上是黑板和粉笔。随着近现代科技的迅猛发展,教育手段走向现代化。幻灯机、录像机、电视机、电影机、VCD、DVD、计算机等进入课堂
教育重视立法	随着大生产的发展,科学技术成为重要生产力,教育也因此成为大工业生产的必要条件。教育事务在国家事务中的地位得到认可与确立。19 世纪中叶以后,世界工业革命、科技革命处在新的发展时期,越来越多的国家建立起义务教育制度
教育呈现终身化	20 世纪 60 年代之后,终身教育思潮成为一种重要教育思潮,对世界现代教育的发展产生强烈影响。终身教育不仅成为一种教育理念,也成为世界各国努力践行的教育行动。终身教育制度获得普遍认可,并且导引着世界教育制度的深入变革。终身教育体系的建立,正在使人类的教育与人类生活形成多方面、更紧密的联系
教育重视科学研究	教育越来越重视科学研究的重要性,通过科学研究,探讨教育发展规律。遵循规律办教育成为现代教育发展的重要理念
教育重视交流与合作	在国际范围内,现代教育已呈现明显的国际化趋向。各国的教育交流、学术交流日益广泛,互派留学生、互派访问学者的现象日益普遍。与此同时,各国教育制度都在朝着有利于国家交流和合作的方向发展

二、高等教育的发展历史

高等教育作为一种活动现象源远流长,经历了以下几个阶段(图1-7)。

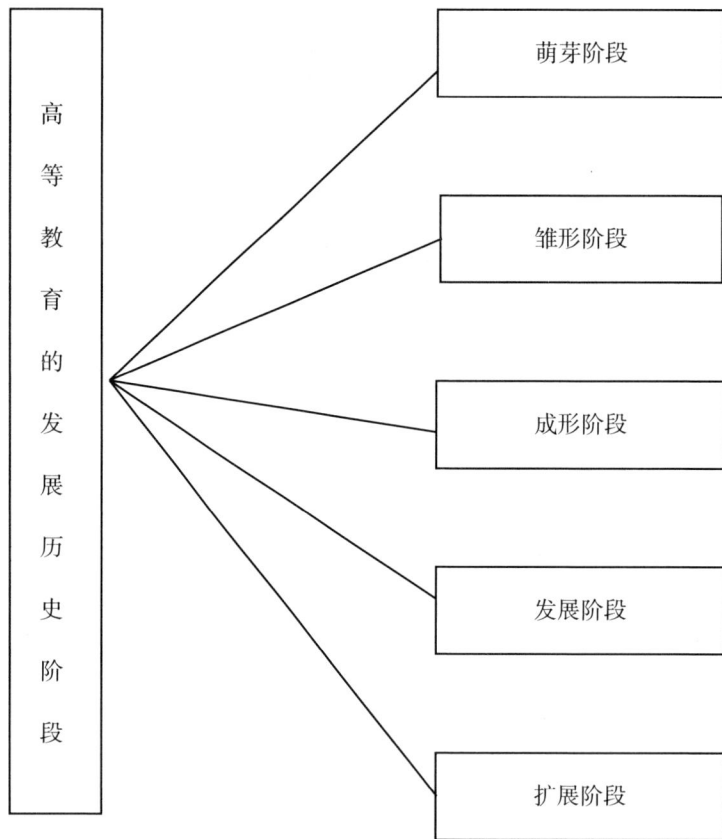

图 1-7　高等教育的发展历史阶段

(一)萌芽阶段

一般认为,西方高等教育的萌芽阶段是古希腊时代;在中国,那是春秋战国时期。当时,有各种具有高等教育性质的机构,有对后世高等教育产生巨大影响的教育者,并产生了影响世界各地学术文化发展的教育思想。

（二）雏形阶段

高等教育的雏形阶段，主要指形成于西方的中世纪大学教育和东方中国汉代的太学及唐、宋的书院教育。12世纪初，在意大利和法国出现了当时最早的几所大学，如博洛尼亚大学、萨勒诺大学、巴黎大学等。在这三所学校创办之后，西欧各国大兴办学之风。在英国，公元1168年牛津大学得到认可，公元1209年从牛津大学分出去一部分，设立剑桥大学。在意大利，公元1224年创办了那不勒斯大学，13世纪至14世纪意大利共有18所大学，法国9所，西班牙和葡萄牙共8所，英国除牛津、剑桥外，又于15世纪设立了3所。据统计，到公元1600年，全欧洲大学总数为105所。欧洲中世纪大学，在入学时间和学习年限上没有十分严格的规定。最初教学均为单科，后逐步完善为文、法、医、神四大学科。学生进校后须先在文学科学习数年，主要内容为"七艺"及亚里士多德的著作，学完全部课程后，通过考试和公开答辩，就可取得文科教师认可证书（文学硕士）。通过文科学习，既是获得文科教师职位的先决条件，又是进入专业学习的基础。取得文学硕士的人可以选学法律、医学或神学，法学课程为民法和教会法两大类；医学课程主要是古希腊阿拉伯人的医学著作；神学课程主要是《圣经》及经院哲学家的著作。分科的专业学完后，则可获得博士学位，或教授认可证书。中世纪大学的教学方法以讲读和辩论为主。在印刷术传至欧洲之前，书籍靠传抄，因而价格昂贵，购买困难。

中国汉代，汉武帝在教育家董仲舒等人的建议下建立了"太学"。太学以后又称为"国子学""国子监"等，是当时中国主要的官办的高等教育机构。书院教育是中国古代高等教育史上别具一格的办学形式，它出现于唐，兴盛于宋，是与太学等官学并存的私学高等教育。书院的教学方法主要是问答的方法。教师是学生学习的引路人，有问题师生共同商量。书院的这种教学与研究相结合及自由研习、争鸣辩难等方法，对后世高等教育产生了深远的影响。这一时期的高等教育，已初步建立了较完整的教育目的、教育计划、教育内容、教育组织形式和教育管理体制，因而初具雏形。

（三）成形阶段

高等教育的成形阶段始于文艺复兴末期和资产阶级革命初期。18

世纪 60 年代开始的资产阶级工业革命将这一阶段推向了顶峰；与此同时，中国高等教育也出现了断层带。当时，欧洲较发达的资本主义国家在中等教育的基础上逐步建立了高等教育。与此同时，随着知识的不断分化和产业需求的发展，高等教育本身在组织和内容上不断发展。因此，工业革命不仅加速了知识分化的进程，也刺激了人类对科学知识教育的需求。

（四）发展阶段

高等教育的发展阶段意味着高等教育的形式开始从单一向多样化转变，其功能不断丰富。无论是在内部纵向和横向关系的平衡上，还是在与其他活动的平衡上，高等教育都取得了很大的发展。自 19 世纪末 20 世纪初以来，中国普遍建立了现代高等教育机构。从那时起，中国的高等教育已经进入了世界高等教育发展的链条。

（五）扩展阶段

在扩展阶段，高等教育呈现出以下几个鲜明特点。

1. 高校数量和学生人数迅速增加

为了迎接以核电子为标志的新科技革命的挑战，各国高等教育出现了数量上的迅速发展。随着高校数量的扩大，学生人数也急剧上升。世界高等教育普遍从精英教育走向大众教育，部分国家和地区的高等教育已进入普及阶段。

2. 高等教育功能日益扩大，地位和作用越来越重要

进入 20 世纪以来，高等教育与整个社会活动的关系越来越密切。大学为社会服务的基本途径包括传播知识、推广技术、提供信息、专家服务。大学开始了与社会各个领域的全面合作，逐渐成了推动国家工业化和社会现代化的一支重要力量。教学、科研和社会服务的三位一体，是现代大学的高度概括。我国的各级各类高等学校在十一届三中全会以来，以服务求支持，以贡献求发展，充分发挥人才和知识的优势，为国家经济建设和社会发展做出了巨大贡献。

3.高等教育系统和内部组织越来越复杂

随着高等教育日益走向大众化和普及化,高等教育系统变得更复杂。高等教育的结构变化主要表现在层次结构、类型结构、形式结构等方面。

第一,在层次上出现了专科、本科、研究生三级结构。

第二,在类型上出现了培养工业、商业、农业人才的学院以及高等职业学校。

第三,在形式上出现了正规全日制教育和非正规高等教育,同时出现了跨学科性教育。

4.高等教育学科整体化和人才素质综合化

20世纪下半叶以来,为了适应科学技术与人文社会科学相互渗透和融合的趋势,世界各国高等教育表现出学科整体化和人才素质综合化的特征,主要表现在以下几方面。

第一,要求人才具有较高的人文精神和道德风貌、优化的知识和能力结构、现代意识、创新能力和协作精神等综合素质。

第二,世界各国高校兴起了"增强质量意识,加强素质教育"为重点的教学改革。

第三,进行教学内容、课程体系的改革。一方面,将必修课、选修课和实践课加以重新确立和组合,另一方面,在更新教学内容的同时,创立新学科。

第二章

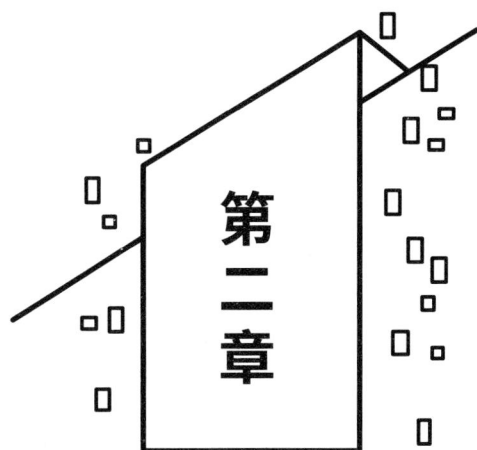

高等教育的大众化发展

实现高等教育的大众化是衡量一个国家综合国力和高等教育发展水平的重要标志。第二次世界大战结束后,高等教育逐渐扩张。我国自改革开放以来,社会主义现代化建设取得了巨大成就,然而大学却习惯于固守传统的理念,保持"优越感",为此必须通过推行高等教育大众化发展战略,才能使其产生"危机感",最大限度地促使我国高等教育体制发生深刻革命,从根本上促进作为龙头的高等教育发生翻天覆地的变化。所以,中国高等教育必须走大众化发展之路,才能满足社会变革和高等教育自身发展的客观要求。

第一节 高等教育大众化的产生与发展

高等教育大众化理论在美国的产生与发展可以分为两个阶段：从有关概念的出现到 1973 年是第一阶段，可以概括为高等教育大众化理论孕育和产生期；1974 年至今是第二阶段，可以概括为高等教育大众化理论发展期。

一、高等教育大众化理论孕育和产生期

"大众教育"最早产生于欧洲。17 世纪苏格兰在颁布的《教区学校法》中，认为要对儿童实行"大众教育"。1763 年普鲁士国王确立了"义务教育"制度，正式推行大众教育。大众教育的推行，从初等教育逐步延伸到中等教育。20 世纪初，由于高中毕业生的大量增加，开始出现了大众教育向高等教育延伸的趋势。1862 年，美国颁布了《莫雷尔法案》，开始了规模宏大的"赠地学院"运动，出现了大量的高等学校，为更多的高中毕业生迈入大学的校门提供了机会。1869 年，查尔斯·艾略特教授担任哈佛大学校长，他极力推行柏林大学的"学术自由"精神，强调"学习自由"和"研究自由"。为了贯彻这一思想，他在哈佛大学大力推行自由选课制度，进一步增加了青年的学习机会。艾略特教授的这一做法初步体现了高等教育大众化的有关思想。这一思想同样也体现在 1944 年颁布的《军人权利法案》和 1958 年颁布的《国防教育法》中。前者规定所有第二次世界大战时期的老兵享有一年至四年的免费受教育的权利，后者强调为培养更多的科技人才，要大力扩大青年接受高等教育的机会。20 世纪 60 年代，美国著名经济学家、1979 年度诺贝尔经济学奖获得者、芝加哥大学教授舒尔茨提出了后来风行全世界的"人力资本"理论。在其理论中，舒尔茨教授认为，人力资本的发展和增长，特别是教育投资的增长，是过去和未来经济增长的源泉之一。现有大量的

证据证明教育和大学的研究活动是主要的经济发展源泉。当代劳动生产率的提高,正是人力资本投资不断增长的结果。舒尔茨教授的这些观点,虽然没有直接提及高等教育大众化,但对高等教育大众化思想的形成有重要的影响。①

克拉克·科尔教授是对高等教育大众化理论的产生有着重大贡献的另一位学者。1958 年,科尔教授担任加州大学总校校长,在其任职期间,提出了"我们来搞一所新的大学"的思想。他扩大加州大学所属的 6 所分校,新建 3 所分校,加州大学在校生人数迅猛增加。1963 年,科尔教授又在哈佛大学发表了"大学的功用"这一著名的演说,在演说中他提出了扩大高等教育规模、多元化巨型大学发展、联邦政府干预大学发展、大学为社会服务等观点,在高等教育学界掀起了一场革命性风暴。这些思想后来为加州大学伯克利分校教授、著名教育社会学家马丁·特罗所吸收,成为构建高等教育大众化理论的一个重要源泉。对马丁·特罗理论产生影响最为直接的是美国学者本·戴维教授的有关思想。在 20 世纪 60 年代,本·戴维教授发表了一篇题为《专门职业的发展与阶级制度》的论文。这篇论文所体现的思想对高等教育大众化理论的产生有着重要的作用,马丁·特罗理论明显受其影响。在这篇文章里,本·戴维教授指出制约高等教育规模发展的主要因素是经济因素。但同时他认为,这一因素并不能就此说明各个国家高等教育规模数量发展都依赖于经济因素,还存在着其他因素。他将其归纳为两大方面:一是高等教育以外是否存在着个人发展升迁的通道;二是高等教育在职业专门化的水平以及专门职业训练中的作用大小程度如何。这里可以初步看出高等教育大众化理论的两大因素:一是高等教育规模发展的数量和一个国家经济发展水平相关;二是高等教育规模与个人升迁和职业密切相关。马丁·特罗教授正是吸收了本·戴维教授的思想精髓,参考前述有关理论和思想,在这一点上进一步开拓,创造出了高等教育发展阶段论。②

1962 年,马丁·特罗教授撰写了《美国高等教育民主化》一文,分析了影响美国高等教育发展的有关社会因素,第一次提出了"大众高等教育"的概念。20 世纪 70 年代美国高等教育已迈进了普及化阶段。

① 潘懋元.中国高等教育大众化的理论与政策[M].广州:广东高等教育出版社,2008.
② 同上.

1973 年,马丁·特罗教授对美国高等教育规模扩展的状况以及随之带来的变化进行了认真的思考、分析,写下了《从精英向大众高等教育转变中的问题》一文。至此,经过漫长的时间孕育,汲取了各方思想理论精华,以此篇论文为标志,高等教育大众化理论的基本框架终于确立起来了。

二、高等教育大众化理论发展期

马丁·特罗教授的高等教育大众化理论产生之后,在世界范围内得到广泛传播,带动了高等教育大众化理论和实践发展的进一步深入。鉴于此,马丁·特罗教授不断对自己的理论进行修正和补充。1978 年,在瑞典召开的一次高等教育研讨会上,马丁·特罗教授提交了论文《精英与大众高等教育:美国模式与欧洲现实》,他指出其早期的理论只是一种普遍性的概括,各个国家应根据自己的国情来发展自己的高等教育大众化。1977 年,在美国加州大学召开的"加州大学学术研讨会"上,马丁·特罗教授在其提交的论文《关于美国高等教育中的信息技术发展》中,提出了高等教育多功能的观点,认为在信息技术时代,一所大学甚至一个学院、一个系、一门课程都可以凭借信息技术提供精英、大众和普及三种不同性质的教育。1998 年,马丁·特罗教授参加在日本广岛大学召开的"日本高等教育学会首届年会",发表了《从大众高等教育走向普及高等教育》一文,对普及高等教育的概念进行了新的界定,他认为,普及高等教育的概念不再定义为入学人数的多少,而在于社会大多数人的参与和分享,包括在家里和工作的几乎所有成年人。除了马丁·特罗教授自身的修订之外,其他学者也不断对高等教育大众化理论进行丰富和补充。总之,马丁·特罗教授及其他众多学者对马丁·特罗理论的修正和补充,使高等教育大众化理论在深度、广度上进一步拓展,更富有科学性和实践性,从而使高等教育大众化理论得以在不断更新中发展。

第二节　中国高等教育的大众化

一、中国高等教育大众化理论的主要观点

（一）高等教育大众化发展策略理论

中国高等教育大众化发展策略理论主要指侧重于高等教育大众化如何推进的思想观点，涉及的问题包括以下几方面。

第一，高等教育大众化总体发展目标如何设计。

第二，高等教育大众化的办学方式如何发展。

第三，高等教育大众化的投资方式如何进行。

第四，高等教育大众化中学校层次类型如何定位。

第五，高等教育大众化和市场如何接轨。

第六，高等教育大众化规模如何进一步扩大。

在这些研究成果中，对高等教育大众化理论有所创新突破的，集中表现在高等教育总体发展目标的设计和高等教育大众化规模发展两个方面。

1. 高等教育大众化"过渡阶段"论

高等教育大众化"过渡阶段"论由厦门大学潘懋元教授和谢作栩教授共同提出的。两位教授在研究马丁·特罗理论时发现，马丁·特罗教授所说的高等教育大众化阶段质的特征在发达国家和发展中国家表现的态势并不相同。这些特征在发达国家只有量的积累达到一定程度才出现，而在一些发展中国家，量的积累还未达到这一特定程度，质的特征已经出现。针对这一巨大差异，潘懋元教授和谢作栩教授联名发表了《试论从精英到大众的"过渡阶段"》，在这篇文章中提出了"过渡阶段"论。对这一理论的介绍和评析，将通过以下三个方面的分析来完成。

（1）高等教育大众化"过渡阶段"论与美、日高等教育大众化理论有关内容的联系

美、日学者在其高等教育大众化理论中对高等教育如何发展有一定的论述。在具体发展策略上,马丁·特罗教授实质上是推崇依靠公立高等学校来完成高等教育大众化的美国模式,这一倾向遭到了日本学者天野郁夫教授的批判,天野郁夫教授提出了高等教育大众化发展的制度类型论,强调依靠私立高等学校来完成高等教育大众化的日本模式。但实际上,无论是马丁·特罗教授还是天野郁夫教授着眼的都是高等教育大众化发展的具体策略,都没有回答一个国家高等教育大众化总体发展目标如何设计的问题。

中国作为一个发展中国家,国情的现实是人口多,但高等教育投入严重不足,高等教育大众化的任务十分繁重。中国高等教育大众化发展首先要解决的是在借鉴美国、日本高等教育大众化理论与实践的基础上,如何推进高等教育大众化问题。这一问题所侧重的是总体的发展设计目标。

（2）高等教育大众化"过渡阶段"论的内容

高等教育大众化"过渡阶段"论指出,马丁·特罗教授的高等教育发展阶段论主要是根据美国和欧洲发达国家高等教育发展历程而构建的一个理论框架,是比较简单的。"过渡阶段"论认为,中国高等教育大众化的发展特征如下。

第一,在观念上,表现为我国有关法律对公民接受高等教育的权利做了保障。

第二,在培养目标上,表现为中央要求培养大众性人才的号召。

第三,在实践上,表现为我国广播电视大学、远程教育、高等职业教育、自学考试的蓬勃发展,以及大学城在全国各地的兴起。

第四,在考试上,表现为某些高等教育形式"宽进严出"的招生制度改革。

第五,在课程上,表现为灵活、多样的课程结构的建立。

第六,在办学质量上,表现为大众质量教育观的提出。

第七,在行政领导方面,表现为学校管理日益专业化。

这些特征是大众化甚至是普及化阶段的特征,但是我国当时还未进入高等教育大众化阶段。这一"质变先于量变"的特征,和马丁·特罗教授提出的"量变先于质变"的论述截然不同。潘懋元教授后来在《中国高等教育大众化的理论与政策》一文中认为,之所以出现质变先于量变的情况,其原因主要包括以下几方面。

第一,发展中国家是"后发外生型"国家,可以吸收已经进入大众化阶段国家的经验,结合自己的国情,实施跨越式发展战略。

第二,知识经济、经济全球化、信息技术等因素对高等教育的发展有很大影响,促使高等教育规模不断扩展。在这种情况下,发展中国家出现若干重要质的变化是可能的。

潘懋元教授也认为,单纯地认为"质变先于量变"是片面的,考虑到二者之间的辩证关系才是合理科学的理论观点。他认为,在量的增长未达到大众化阶段之前,有一个质的超前变化的"过渡阶段"。正是由于有这个阶段,发展中国家可以通过质的局部变化促进量的增长,这既符合中国高等教育发展进程的事实,也符合辩证的"质量互变规律"。①

(3)高等教育大众化"过渡阶段"论对高等教育大众化理论的创新意义

"过渡阶段"论的提出是基于中国国情的,而中国是最大的发展中国家,从实践层面意义上来讲,"过渡阶段"论对发展中国家开展高等教育大众化具有普适性。马丁·特罗发展阶段理论的意义在于从总体上划分高等教育发展进程,也恰恰是这种总体性使其在国家高等教育发展的具体阶段上的指导意义削弱。实践证明,不同发展类型国家在高等教育发展阶段上所走的道路并不相同。美国作为世界上综合国力最为强大的国家,可以按照马丁·特罗教授所说的三个阶段完成精英—大众—普及三次飞跃。但中国在从精英向大众化阶段转变过程中,量的积累未达到一定程度就出现了质的特征,可以实施跨越式发展战略。而日本的高等教育发展实践则证明,在高等教育大众化阶段之后,进入普及化阶段之前,还要经历一个"后大众化阶段"。所以说,高等教育大众化发展阶段也不能一概而论,不同发展类型的国家在具体的发展阶段上都有自己特殊的要求。判断高等教育阶段论某一理论的价值,关键不在于名称如何,而在于它是否适合不同类型国家的国情以及高等教育大众化实践发展状况。

由此可见,中国学者在应用西方学者的高等教育大众化理论框架,回应中国实际问题中不断塑造自己的分析和解释框架,进一步丰富了高等教育大众化阶段理论。

---

① 潘懋元.中国高等教育大众化的理论与政策[M].广州:广东高等教育出版社,2008.

2. 高等教育大众化规模波动发展论

高等教育大众化规模波动发展论由厦门大学谢作栩教授和黄荣坦副教授共同提出。

（1）高等教育大众化规模波动发展论与马丁·特罗理论之间的联系

马丁·特罗教授对高等教育大众化规模的发展有详细的论述。在发展阶段论中，他对高等教育规模发展的"度"的研究主要是讨论量和质的关系，即用高等教育规模发展的程度来界定高等教育发展阶段。高等教育大众化规模波动发展论借鉴了马丁·特罗教授重视高等教育大众化量的研究的思想，但是从中国高等教育大众化实践需要出发，着重探讨高等教育大众化"量"本身可持续扩张的"度"，对高等教育大众化量的扩张的"度"的研究和马丁·特罗教授的着眼点不同。

（2）高等教育大众化规模波动发展论的内容

高等教育大众化规模波动发展论重点研究高等教育大众化规模扩张的形态以及"度"的问题。

第一，高等教育大众化规模发展有一定的"度"可循。在考察了美国、日本、韩国高等教育大众化规模发展的状况后，谢作栩教授认为，高等教育大众化规模发展有一定的"度"可寻。

第二，高等教育大众化规模发展呈波动发展的状态。谢作栩教授分析了中国的高等教育规模发展状况，认为中国50年来的高等教育规模发展呈波动发展状态。虽然中间也出现过很大的随机变化现象，但总的趋势是向上的，存在着固定周期以及比较稳定的波动域限。这一切说明高等教育规模发展是有规律可循的。

在上述研究基础上，谢作栩教授对高等教育规模发展与经济发展之间的关系做了总结，对高等教育大众化规模波动发展做了总体阐述。他指出，高等教育大众化的扩张对经济周期波动的影响的回应，并不表现为高等教育规模随经济起伏而直接扩张和收缩，而是具有滞后的特点。这种影响和回应不是马上能感受到，而是要经过一段时间的。

（3）高等教育大众化规模波动发展论对高等教育大众化理论补充的意义

高等教育大众化规模波动发展理论的核心在于打破高等教育规模发展绝对量化指标的思维。高等教育的规模发展不一定是按照一定的假设或假设逐步推进的。在高等教育大众化的发展过程中,不可避免地会遇到各种偶然因素的影响。高等教育规模的发展在一段时间内是快是慢,具有相对的灵活性和可变性。高等教育的规模发展是一种波动发展状态。因此,谢作栩教授等提出的高等教育大众化规模波动发展理论在理论上更符合教育发展的内外部关系,在实践中更具可操作性。总体来说,这一理论进一步澄清了对高等教育大众化扩张的理解。

(二)高等教育大众化后续效应理论

高等教育大众化后续效应是指高等教育大众化之后所带来的影响。这种影响有广义和狭义之分。就广义的后续效应而言,包括高等教育大众化之后所带来的方方面面的影响,如对经济、政治、文化发展的影响,对社会阶层变化的影响,对劳动力结构、生产生活方式变化的影响等;就狭义的后续效应而言,则是指高等教育大众化之后对高等教育系统本身的影响,其中最为突出的有对高等教育质量的影响和对高等教育毕业生就业的影响两方面。下面主要对狭义的影响进行简要阐述。

1.中国学者的高等教育大众化质量观

在马丁·特罗教授多样化质量观点的基础之上,中国学者探讨的内容在于对多样化的内涵进行具体细化,通过讨论人才标准、精英教育等问题,对高等教育大众化的质量观点做了进一步发展。下面从三个层面展开论述。

(1)中国学者高等教育大众化质量观与马丁·特罗高等教育大众化质量观的联系

马丁·特罗教授对于高等教育大众化时代的高等教育质量观的看法,一是有比无好,二是不同的教育阶段有不同的学术标准,高等教育质量要多样化。这些观点对于认识高等教育大众化时代的高等教育质量有重要的意义。但是随着中国高等教育大众化实践的不断深入,社会对高等教育质量的要求也在不断变化,其中有些重要问题亟待解决。这些新问题不能简单地套用马丁·特罗教授有关质量的观点,实践要求有新的高等教育大众化理论对这些问题做出解答。

(2)中国学者高等教育大众化质量观的主要观点

中国学者的高等教育大众化质量观以下面几种观点为代表。

第一,人才标准多样化。必须改变人才观念,要认识到学术型人才和职业型人才都是人才。

第二,学术标准多样化。高等教育质量是一个多层面的概念,包括博士、硕士、本科、专科等纵向层次,也包括研究型、理论型、应用型、技能型等横向层面。多层面的高等教育质量只有差别,没有高低。

第三,对高等教育质量观的特征、标准进行界定。不同的学校类型应该有不同的质量标准,不能把所有的高等学校培养的人才都按一个质量标准来衡量,高等教育质量高低的程度应该按学校类型的不同而有不同的划分。

第四,对大众时代精英与大众高等教育的类型、作用进行定位。高等教育发展也要求一部分高等教育坚持精英教育的培养目标与规格,精英教育没有被排斥在高等教育大众化之外。精英教育和大众化教育一样都是国家发展必不可少的组成部分。大学的发展要定位准确。

（3）中国学者高等教育大众化质量观对高等教育大众化理论的创新意义

中国学者的理论使多样性的概念更加清晰。总体来说,它使人们认识到,高等教育大众化时代的高等教育质量不能简单地与精英教育时代的高等教育质量相比,也不能简单地得出质量正在下降的结论。精英教育阶段高等教育的主要培养目标是学术型人才和国家管理型人才,大众教育阶段高等教育的主要培养目标发生了变化,即主要培养社会所需的各级各类普通人才。同时,高等教育也不能忽视精英教育。精英教育和大众教育在大众教育阶段都有各自的职责和定位。这些思想更详细地解释了马丁·特罗的理论,使其更有说服力。

2. 中国学者的高等教育大众化就业观

（1）中国学者高等教育大众化就业观与马丁·特罗高等教育大众化就业观的联系

针对高等教育大众化后的就业问题,马丁·特罗教授指出,不是毕业生找不到工作,而是他们想找到什么样的工作。大学生找不到工作的原因是他们不愿意从事非大学毕业生所从事的工作。这种观念一旦改变,在高等教育大众化之后,就业问题就不会成为问题。马丁·特罗教授还指出,大学生在以前的非大学工作中就业可以改变这些工作,提高这些工作的地位。马丁·特罗教授的这些思想对解决高等教育大众化后的就业问题具有重要的指导意义。然而,基于对马丁·特罗教授理论的分析,我们认为马丁·特罗教授只是针对高等教育大众化后的就业问题提出了一个计划或解决方案,而不是全部。此外,马丁·特罗教授的观点缺乏系统的理论解释和分析。解决高等教育大众化之后的就业问题是不是只有这一种方案?其理论支持是什么?中国学者对这两个问题提出了自己的看法。

(2)中国学者高等教育大众化就业观的主要观点

第一,在具体解决方案上。强调大学毕业生的职业岗位是一个变数,要用发展的眼光来看待大学生的就业。高等教育大众化不但不会造成失业,还会带来就业机会的增多。

第二,在理论支持上,主要有两种观点,一是认为学业不能等同于就业;二是认为一定程度的失业是正常的。

(3)中国学者高等教育大众化就业观对高等教育大众化理论的创新意义

第一,提出了新的解决就业问题方案,使高等教育大众化理论更具有实践指导上的意义。

第二,对高等教育大众化就业问题做了理论上的分析,从正反两个方面来分析就业和高等教育大众化之间的关系,使多样化就业理论在理论层面上更缜密和严谨,也更富有理论说服力。

二、中国高等教育大众化发展的现实策略

中国高等教育大众化发展的现实策略主要包括以下几方面(图2-1)。

(一)前提条件:转变理念

当前,中国高等教育发展理念上的不足主要表现在以下几方面。

第一,对高等教育大众化数量指标关注较多,对是否持续推进高等教育大众化的关注较少。

第二,高等教育结构调整思路比较机械,结构调整目标比较简单,以计划和行政手段为主,对结构调整的市场反应准备不足。

第三,高等教育质量控制的标准比较单一,难以实现多样化。

第四,对高等教育体制多元化发展缺乏整体的、长远的规划。鼓励发展时容易忽视宏观调控,注重宏观调控时又容易矫枉过正。

第五,在新的发展背景下,一方面,高等教育国际化实践较为零散混乱,重视教育市场竞争的需要,忽视办学规律、科研规律的要求;另一方面,对构建具有国际吸引力的民族高等教育体系重视不够。

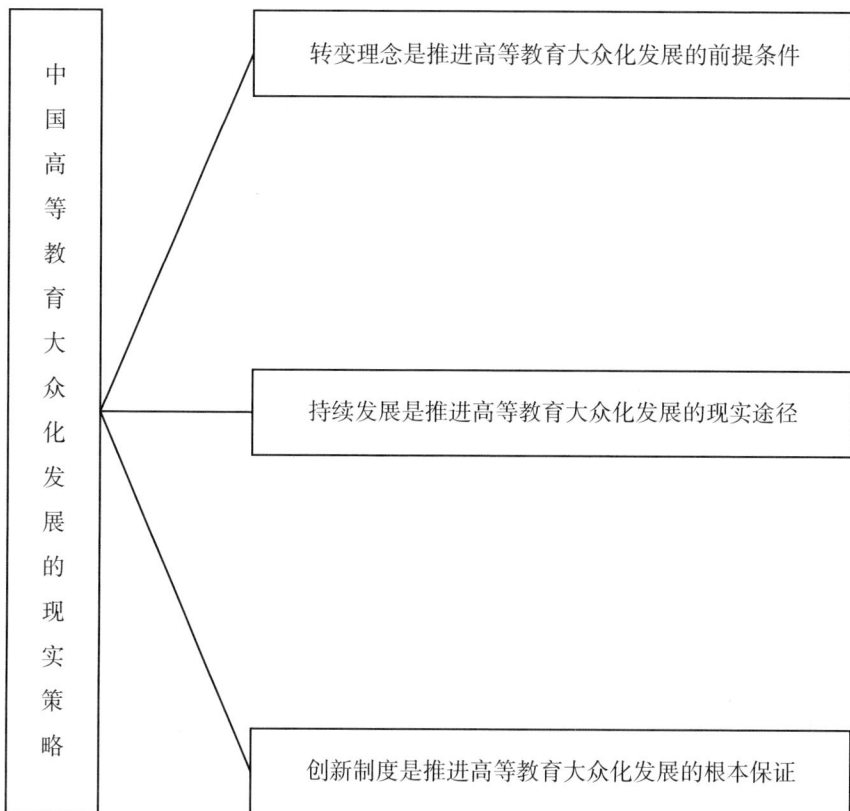

中国高等教育大众化发展的现实策略

- 转变理念是推进高等教育大众化发展的前提条件
- 持续发展是推进高等教育大众化发展的现实途径
- 创新制度是推进高等教育大众化发展的根本保证

图 2-1　中国高等教育大众化发展的现实策略

今后,中国高等教育发展理念转变的方向主要包括以下几方面。

第一,抑制过度的功利主义倾向,从长远考虑高等教育宏观领域的战略发展目标,应从 21 世纪中国社会和谐统一的整体观念出发,将人文与功利相结合作为高等教育改革的基本指导思想。功利主义只能带来短期效益,不能支撑长远发展,中国高等教育大众化不仅是一个发展目标,更加是一个持续发展的过程。

第二,应协调外部社会要求与高等教育自身发展规律,将高等学校内部的目标和追求同高等教育宏观领域发展目标统一起来,发挥办学主体的主动性和创造性,使整体发展寓于灵活多样的办学实践中。中国高等教育发展要善于利用市场机制,并非只是要求遵循经济规律,更重要的是在各种办学主体分散决策的基础上实现高等教育整体持续、稳定、健康发展。

(二)现实途径:持续发展

第一,坚持高等教育改革先试点然后再推广。

第二,尊重高等教育主体的首创行为,不轻下断言。

目前,在中国高等教育大众化、民营化、国际化发展中,诸如民办二级学院、公立高校改制、中外合资办学、民办高校产权确认等问题都还没有明确的答案,只有通过尝试,探索发展,及时总结,多研究少下结论,多支持试验少下禁令,才能保证高等教育改革的持续性,才能使中国高等教育不断在创新中前进。

(三)根本保证:创新制度

在中国高等教育大众化发展过程中,理念转变是前提,而制度创新是克服现有矛盾和问题的机制保证。要创新制度,需要做好以下几方面。

(1)在宏观调控和市场机制下,尊重主体(高校)的价值选择,分散权力。通过高等教育投资体制改革和高等教育办学体制改革,建立一个良好的高等教育运行环境,搞好各方面的改革。

第一,中国高等教育收费体制改革。一方面,应利用市场和宏观调控,实行"分轨收费"。另一方面,应通过扩大资助刺激民间高等教育需求的持续增长。中国高校在运行过程中应形成自主与自律,通过合理决策、内部挖潜,稳定学费标准。

第二,中国高等教育大众化发展应摆脱对计划和行政手段的过度依赖,善于利用高校之间的竞争、消费者的选择等市场因素,适度地、分层分类地扩展规模,提高质量和效益。

第三,中国高等教育办学体制改革应顺应"大学法人化"趋势,减少政府不必要的干预和控制,加强学校自身管理。

第四,在中国高等教育大众化的结构与体系改革中,合理的结构取决于良好的高等教育运行环境,政府需要在一定程度上宏观调控高等教育结构,但是要注意适时适当,避免主观机械和硬性推行。

(2)适应中国社会和市场要求,尊重中国高等教育自身规律,确立若干"发展阈限"。作为宏观调控的依据,它们比各种生硬的限定要有效得多,既有利于放开搞活,又保留必要的约束。各方面的改革设想如下。

第一,应通过中国经济社会、人口等方面预测研究,确定合理的中国高等教育发展速度阈限,持续稳妥地推进中国高等教育大众化、普及化。

第二,解决高等教育合理赢利问题是中国高等教育体制多元化发展的一个关键。必须从中国的国情出发,确定合理赢利的阈限,并有机地融入对民办(私立)高等教育的宏观调控标准中。

第三,应确定国家高等教育主权的各项控制阈限,以此为基础推行"主权与产权相分离"的中外合作办学新思路,理智地加快中国高等教育国际化进程。

第四,应通过设置若干高等教育质量阈限的方式,确立中国新的高等教育大众化质量观。

第三节　中国高等教育大众化发展存在的问题

综合各种影响因素,目前中国高等教育大众化发展需要面对并且妥善解决以下几大突出问题(图 2-2)。

一、大众化发展目标与中国高等教育持续、稳定、和谐发展之间的矛盾

高等教育大众化是中国社会发展和人自身发展的必然选择,在中国高等教育大众化进程中,必须以数量增长以及机会均等为前提谈质量,因此对中国高等教育适应大众化发展目标的能力提出了严峻的挑战,需要研究解决如何在持续发展中保持稳定、和谐的问题,它实质是中国高等教育大众化发展目标与发展过程的协调问题。当前,高等教育大众化的最低数量目标已经达成,人们从过去批评发展过慢到现在担心发展太快,一是担心经费、师资跟不上,办学条件不够,影响质量;二是担忧就

业压力。如何面对发展中的各种障碍，这是摆在我们面前的现实课题。如果政府更偏重功利性，不能正确评判发展中的障碍，可能不利于形成长远的、坚定不移的大众化发展目标。如果中国高等教育大众化能够使发展目标与发展过程相互协调，就可以消除中国高等教育近期发展目标与长远发展目标之间的对立。引发中国高等教育大众化发展目标与发展过程之间矛盾的因素很多，其中现有高等教育结构与体系、收费体制、质量保障体系等方面尚不适应规模发展的需要，如果不进行相应的调整和改革，可能会加剧矛盾。中国高等教育规模的增长，必须是中国社会可接受的增长，需要解决学生就业、社会人才需求等现实问题，要体现出效率和效益的统一，这对高等教育规模增长的具体方式提出了要求。目前，增长方式难以适应高等教育持续、稳定、和谐发展的要求，中国亟须建构并确立大众化高等教育的结构与体系，同时实现高等教育体制的多元化。

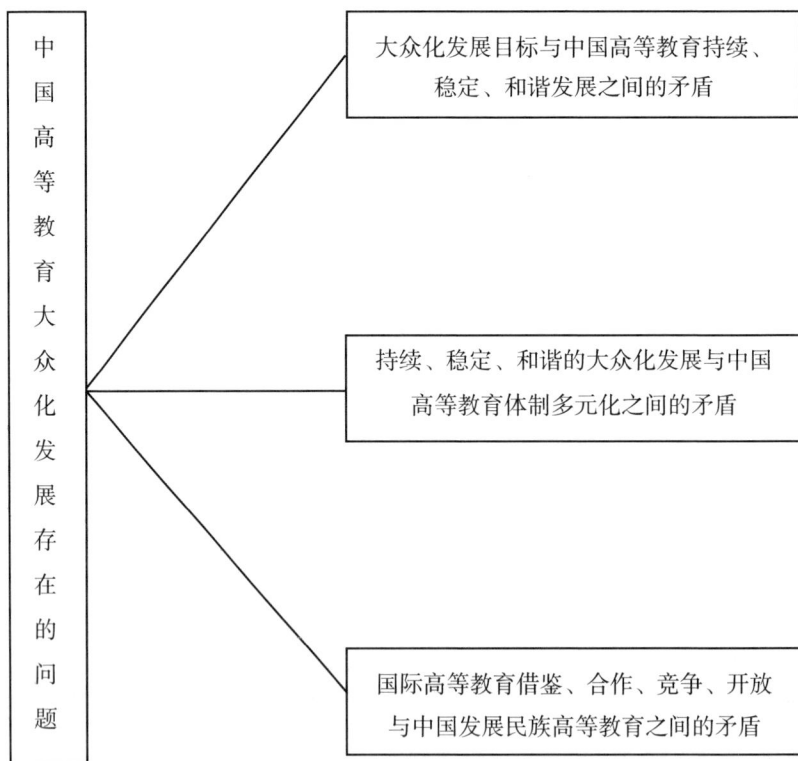

图 2-2　中国高等教育大众化发展存在的问题

中国高等教育大众化发展目标与发展过程的矛盾,也表现为数量与质量的对立。高等教育大众化首先体现为数量增长上,但数量增长不一定带来质量下降。中国大众化初期出现的基础设施欠缺、师资不足、班额过大等现象,并不足以与"质量下降"直接画等号。中国高等教育大众化发展过程中,有人曾提出质量就是就业率的观点,从推动中国高等教育规模继续扩大,同时保证必要质量的视角来看,有其特殊意义,不过这种以市场为主的导向,可能与高等学校对学术质量的追求相冲突,对此高教界颇有争议。当前政府、高校、社会三方在高等教育质量标准上的分歧,反映出中国高等教育质量的学术评价和社会评价尚未能够合理统一。

中国高等教育大众化发展目标与发展过程的矛盾,还表现为高等教育结构设计与实际运行的对立。近年来,为了加快中国高等教育大众化发展,政府在调整高等教育结构方面不遗余力,然而设计出来的高等教育类型、层次结构等实际效果却不佳。此外,中国高教理论界对于中国高等教育大众化究竟是应采纳欧洲及日本的类型、层次结构的模式,还是采纳美国的多层次、多样化的结构模式,尚存争议。参照发达国家的成功模式是必要的,但是在借鉴时须有理性的分析和判断,要考虑现有体制对运行的影响,应采取渐进的改革步骤,如果在条件不具备的情况下,盲目照搬,可能导致适得其反的结果。当前中国高等教育布局结构的调整,存在过于依赖行政手段的问题。上述与中国高等教育大众化发展要求不相适应的结构改革策略,如果不做出修正,将影响中国高等教育的稳定发展。

二、持续、稳定、和谐的大众化发展与中国高等教育体制多元化之间的矛盾

鼓励中国民办高等教育的发展是中国高等教育体制多元化的重要举措之一。高等教育民营化是一种世界性的潮流,在中国高等教育大众化发展过程中已经涌现出大量的属于不同层次和类型的民办高等教育机构,出现了国有民办二级学院,出现了大学城或大学园区,出现了教育集团,还出现了中外合作办学机构。在中国高等教育大众化发展过程中,促进中国民办高等教育发展与政府加强控制、保证高等教育可持续发展的意图之间产生矛盾,现实中的具体表现包括以下几方面。

第一，大众化发展要求与限制民办高等教育发展的矛盾。

第二，民办高等教育机构实力不断增强与学校产权不清晰的矛盾。

第三，民办高等教育机构作用不断提高与政府规范管理的矛盾。

第四，民办高等教育机构发展与主体权益不平等的矛盾。

它们对实施中国高等教育大众化外延式发展策略形成制约，不利于中国高等教育大众化实现可持续发展目标。

目前，中国民办高等教育发展面临的主要问题包括以下几方面。

第一，政府在民办高等教育发展政策及指导思想上仍存在若干不确定因素，主要是尚未解决促进发展与保持稳定之间、鼓励竞争与保障质量之间、开发民间资源与严格办学标准之间的矛盾。

第二，建立在公办高等教育基础上的旧体制制约着民办高等教育的进一步发展，尤其是高等教育大众化的结构与体系尚未成熟，不同办学层次、办学类型、办学形式的高等教育之间的分工与合作关系尚未确立。

第三，民办高等教育自身的良性发展机制需要进一步的实践探索和经验积累。

此外，公立高校改制、民办二级学院独立设置等实践，还处于探索之中，需要加强监管，处理好宏观调控与体制多元化之间的关系。

受到原有体制的影响，处于探索中的中国高等教育体系结构对"体制外"高等教育发展缺乏包容性。在此背景下，一些地方的民办高等教育发展观存在较为明显的功利性。正确认识民办高等教育在中国高等教育大众化体系结构中的地位和作用，将民办高等教育纳入整体的高等教育体系结构设计当中，充分地发挥其作用，是解决宏观调控与体制多元化之间矛盾的一条基本途径。

在中国高等教育大众化发展过程中有必要通过法律、行政监管等手段对民办高等教育实施宏观调控，其中包括对教育营利性行为的调控。同时，要正确认识高等教育产业性，发挥其优点，使高等教育产业运作成为加快中国高等教育大众化发展、夯实高等教育体制多元化的重要途径和手段。在中国现有高等教育结构与体系中，政府今后需要消除招生、筹资等政策上的不公平现象，需要考虑在经费政策上对民办高校实施资助，需要明确和维护民办高等教育主体（举办者、办学者和师生）的权益，还要通过政府适度的帮助和政策扶持，增强民办高校的实力，推动中国高等教育持续、稳定、健康地发展。

三、国际高等教育借鉴、合作、竞争、开放与中国发展民族高等教育之间的矛盾

中国高等教育的发展历史是不断借鉴、吸收他国教育经验的历史，中国高等教育发展离不开国际大背景，高等教育国际化是必然趋势之一。但是，实现高等教育国际化的道路不是单一的、单向的，而是双向的。民族化与国际化是互相参照、共生共存的。实现中国高等教育持续、稳定、健康发展离不开国际化，也离不开民族化，它们在中国高等教育大众化发展进程中具有不可替代性。高等教育国际化的意义是借鉴和借助国际的理论与经验以加强、繁荣民族化，而其最大价值是促进各国人民特别是青年之间相互理解，直接价值是成为世界各国高等教育发展永不衰竭的推动力之一。

中国高等教育大众化进程中国际化与民族化的矛盾，体现在高等教育主权与教育服务开放的对立，高等教育国际竞争与国内高等教育发展的对立，民族国家主导的国际化与超越国界的全球化之间的对立。要解决这些矛盾，就必须充分考虑外部因素对我国高等教育改革的积极影响，消除外部因素的负面影响。

中国一直比较重视国与国之间的交流、比较、借鉴等传统的国际化方向。当前中国高等教育大众化发展过程中实施的国际化策略存在的问题主要包括以下几方面。

第一，利用他国高等教育发展经验时功利性过强，多倾向于制度措施上的局部借鉴，对涉及社会背景和发展理念在内的整体考察分析重视不够。

第二，高等学校自主推进国际化的实践有待加强，高等学校自主推进国际化的目的性、实效性、规划性值得研究。

与此同时，高等教育国际化目前正受到全球化趋势的挑战，为应对全球化的消极影响，中国亟须构建一个民族高等教育体系。这个体系应该是一个先进高效的、有民族文化特性的体系。

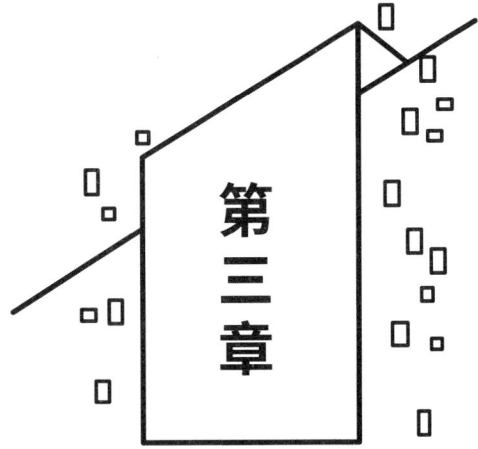

第三章

大众化发展阶段高等教育功能与目的研究

高等教育功能是高等教育活动、高等教育系统对于个体和社会发展所产生的各种实际作用和影响。高等教育功能是高等教育本质的外在表现，受高等教育规律的制约。任何社会实践活动都有预期的目的，高等教育也不例外，了解高等教育的目的对于高等教育的发展具有积极意义。本章即对大众化发展阶段高等教育的功能与目的进行系统研究。

第一节　高等教育的功能

一、高等教育功能的本质

高等教育的功能是与高深知识密切相连的。人们总是通过知识,借助知识来透视、辐射高等教育的功能的,不论是对个人,还是对社会的作用。从功能的角度来看,高等教育的目的并不是探索自然知识和传播真理。在将大学界定于探索普遍学问的场所的同时,也因此限定了高等教育的基本功能——育人。这是高等教育最传统、最本质的功能。然而,高深知识的演变或实质是无法用语言来遮掩的。19 世纪之后,由于资产阶级革命的胜利和工商业的发展,自然科学知识实用知识最终还是由其背后所隐藏的经济利益的巨大力量汇成了历史的潮流。在世界各国,普遍地走向了高等教育的讲堂,高等教育也不可避免地与社会相联系,从而为其他功能的凸显奠定了基础。不难看出,高等教育的功能必然要突破育人的单一性,凸显其社会性的一面。而这种凸显,外在于人,本质却在于知识,即高深知识的内涵深化和外延辐射。

随着知识经济和信息社会的到来,知识的含义发生了根本性的变化。知识不再是对客观现实的简单反映,而是对复杂多变世界的解释。知识作为对现实的解释,意味着不同的知识系统对现实有不同的解释。它意味着对现实采取不同的行动方式,也意味着不同知识系统作为理解世界的工具的有效性和局限性。不同的观点只有通过各种意义系统的协调,才能建立起共同的新意义,形成创造性的组合。这意味着知识的不可怀疑的真理性需要修正。同样,对于高深学问的意义,人们已经有了根本性的怀疑。然而,高等教育机构作为知识传播和创造的基本活动场所,其活动对象的性质需要随时进行测试。这意味着在高深知识受到非理性主义质疑的同时,高等教育职能的定位必须充分考虑这种多元的知识真理观。当然,高等教育的传统功能不会被消除。只有将更广泛意义上的博大精深的知识融入自己的活动对象中,才能获得合法性,超越知识的社会分工,实现大学功能的自我选择,展现大学功能的开放系统和多元场景。

二、高等教育功能发挥的制约因素

高等教育功能的发挥是受高等教育客观规律的制约的。所谓规律,是指事物之间或事物内部各要素的本质的、必然的联系。高等教育的规律有两个。

第一,从教育的最终要义来看,高等教育要适应并促进人的发展。

第二,从教育的社会意义来看,高等教育要适应并促进社会的发展。

这两种规律规定着高等教育活动的方向、范围及其功能的释放。

（一）高等教育要适应并促进人的发展

在现代科学中,"人"的含义在不断地被丰富和深入认知。心理学上对于人的认识,侧重于人的机能的发展,并以此来为教育提供翔实、可靠的基础。例如,心理学中的成熟理论、认知发展理论、行为主义发展理论以及精神分析理论等,都是教育以及高等教育所不能忽视的现实基础,然而却无法指引教育的方向。马克思从社会学角度,对人的本质重新界定,即人是"一切社会关系的总和",并提出了全面发展的学说,将哲学与心理学统一于全面发展的教育理论及目标中,才为教育的对象——"人",找到了恰当的归属。从这一艰难的过程中我们可以看到,高等教育很难真正把握"人"的内涵,很难适应和促进"人"的发展。随着时代的发展,受教育者必然会有更多变化的时代特征,也会对高等教育有更多的价值期待。

（二）高等教育要适应并促进社会的发展

在社会稳步发展的同时,我们也必须把握高等教育的规律,根据社会政治、经济、文化的实际发展水平,确定高等教育的发展方向和速度。例如,近年来提出的高等教育"教育优先"和"扩招"等政策,一方面反映了社会对教育的需求,另一方面也存在着教育行业不足、教育人力资源流失和浪费等隐患,甚至可能给社会带来沉重负担。因此,高等教育作为与社会直接相连的教育体系,其发展更需要社会物质生产提供相应的基础性条件,需要敏锐地把握与社会的关系。如果超过了物质生产的底线,不但不能促进社会的发展,还会出现消极的负向功能。

　　总之,高等教育的功能受到其内在规律和外在规律的制约。内在规律和外在规律之间不是独立的,而是相互关联的。从根本上讲,高等教育通过人才培养实现其他社会功能。只有实现受教育者的发展目标,才能实现其在社会、政治、经济、文化等方面的积极作用。同样,外部规律的客观性也为高等教育功能的发展提供了方向。因此,二者是相互统一的,共同在高等教育体系中发挥引导系统的功能。

三、高等教育的具体功能

　　高等教育的具体功能主要包括以下几方面(图 3-1)。

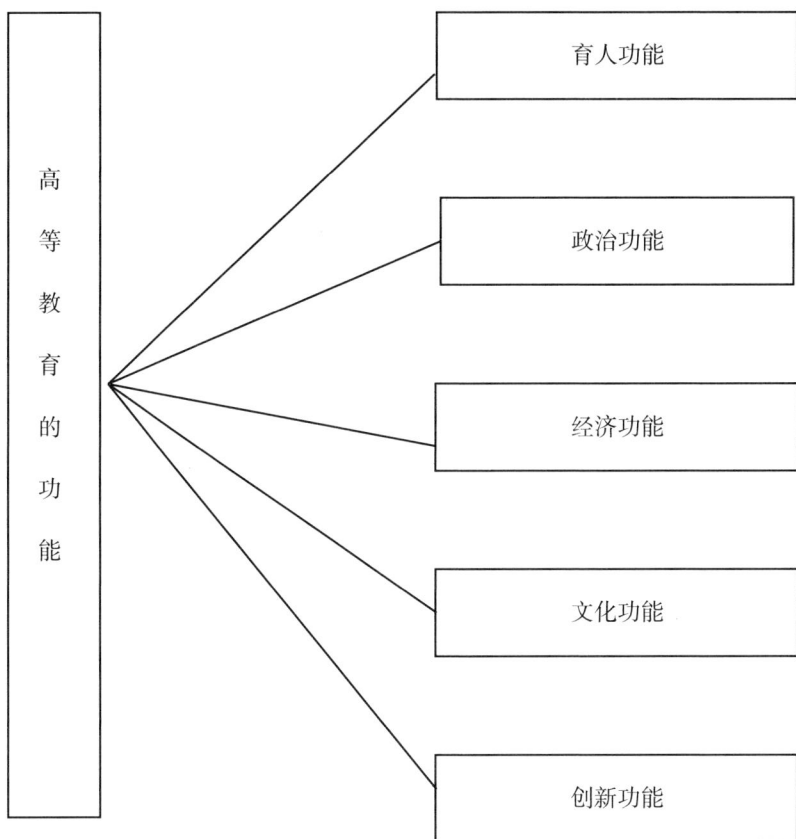

图 3-1　高等教育的功能

（一）育人功能

一般来说,高等教育的育人功能是高等教育应该培养什么样的人才,应该赋予这些人才什么样的个体意义的问题,这就是高等教育的本体功能。迄今为止,人类社会经历了农业和工业两个经济时代,并逐步进入知识经济时代,高等教育的人才培养模式也大致经历了"通才模式"和"专才模式",走向了今天的综合型、创新型的人才培养模式。可以说,通才模式适应了农业经济时代社会生产力水平低下、科学技术不发达时代的人才需求,它体现了全面教育的特点,这在西方和我国基本上是相同的。当然,这样的通才教育只是培养简单手工艺时代的统治人才,伴随着产业革命的发生以及社会工业化生产的迅速发展,科学技术的作用越来越突出,社会分工越来越细,社会需要大量的具有一定专门知识和技能的高级专门人才。高等教育的专业分科开始产生,专业人才的培养成为高等教育的主要目标。到了知识经济时代,对劳动者的知识结构和能力结构提出了全新的要求,创新成为人才的重要素质。高等教育要适应这种变化,其人才培养模式必须向"综合型""创新型"发展。

（二）政治功能

在相当长的时间内,政治职能是高等教育的核心职能。现代高等教育的政治功能主要体现在其传播一定的政治意识形态,即社会公平正义的精神以及社会民主的发展,而这在一定程度上取决于社会全体成员整体素质的提高。高等教育正是通过充分发挥个体的施教功能,从而促进整个社会精神和社会政治意识的进步和发展。

第一,高等教育肩负着培养公民高度民主的政治意识、公平正义的社会理想、团结协作的公众意识以及促进社会民主政治制度的建立和完善的责任。

第二,表现在政治专业人才的选拔和培养上,这是由民主制度保障的。

第三,高等教育作为一支重要的社会力量,将对社会各种政治变革产生重要影响,有效促进社会各要素的和谐平衡发展,维护社会公平正义。

此外,高等教育的政治功能也体现在"社会批判"中。在所有社会子系统中,高等教育不仅因其在科学技术、意识形态和认识上的先进性而对社会发展具有"导向"作用,还发挥着社会批判和社会监督的作用,为社会发展提供了内在的精神支持和基础,使快速变化的社会能够不断自我反省、自我纠正和自我定位。

（三）经济功能

高等教育的经济功能是在科学技术的发展、社会生产的现代化和人们教育观念的演变中产生和发展的。科学技术发展越快,社会生产现代化程度越高,这一作用就越突出。目前,高等教育的产业性能日益突出,其对社会的经济价值也尤为重要。

第一,高等教育是一个生产人力资本的行业。人力资本是一种具有经济价值的资本。它的形成必须依靠教育。劳动者只有接受教育,掌握知识和技能,才能拥有人力资本的价值。教育水平越高,人力资本的价值就越大,而高等教育尤其承载着提供经济发展所需的高水平人力资源的重担。

第二,高等教育是一个生产知识的行业。知识经济是以知识为基础的经济。知识的生产、传播、分配和使用在经济发展过程中发挥着核心作用。知识、科学技术已经成为影响生产力发展的重要因素。高等教育是一个知识生产、管理和传播的知识产业。

第三,高等教育是一个高科技产业。科学技术是第一生产力。科学技术日益渗透到各种传统和新兴产业中。高新技术领域的突破往往可以推动许多行业的发展。现代高科技是推动一国社会经济发展的强大动力。

总体来看,高等教育已成为尚待开发的可持续发展的经济增长点,对国民经济增长的贡献率正在稳步提高。

（四）文化功能

高等教育的文化功能包含多种含义。

第一,文化传承和传播。

第二,文化选择。

第三,文化的批判。

第四,文化的创新。

总之,高等教育通过对文化的继承、选择、批判和创新,促进了人类价值观的转变和人力资源的开发,为社会发展提供了精神动力,为人类社会奠定了坚实的基础。

(五)创新功能

高等教育是培养创新型人才的重要摇篮,对创新型人才的培养起着决定性作用,创新型人才的涌现受制于高等教育。因此,高等教育的强弱直接关系着我国在知识经济时代的发展速度,高等教育要重视创新型人才的高质量培养,这是当前高校最紧迫最重要的任务之一。

为了更好地做好创新教育相关工作,高校需要注重以下几个方面的工作。

第一,树立创新教育理念,确定高校的基本功能是向社会输送高质量的创新型人才。

第二,对人才培养模式进行创新,鼓励学生不断培育创新精神、创新能力与创新人格。

第三,对教学内容与方法进行改革与创新。

第四,加强德育与人文精神教育。创造能力与人的智力有关,更与人的精神状态及综合素质有关。而创造创新过程不可能是一帆风顺的,学生只有具备良好的思想道德品质和心理素质,勇于尝试,敢于面对失败,才能最终实现创新的成功。

第五,创建科学的评价机制。评价机制是指挥棒,科学合理的评价机制有利于创新型人才的顺利成长,可以给优秀创新型人才提供发展平台。

第二节　高等教育的目的

一、高等教育目的的内涵

教育目的是各级各类教育培养人的总的质量目标和规格要求,高等教育目的则是教育目的在高等教育系统的落实,是国家教育目的在高等教育系统的具体化。① 从教育目的与高等教育的关系看,二者是一般与个别的关系。教育目的集中反映了社会和时代对培养人的共同要求,它是各级各类教育都必须遵循的总目的,而高等教育目的则是依据总的教育目的,从高等教育实际培养任务出发制定的。

二、高等教育目的的作用

高等教育目的具有重要作用,概括来说主要包括以下几方面(图 3-2)。

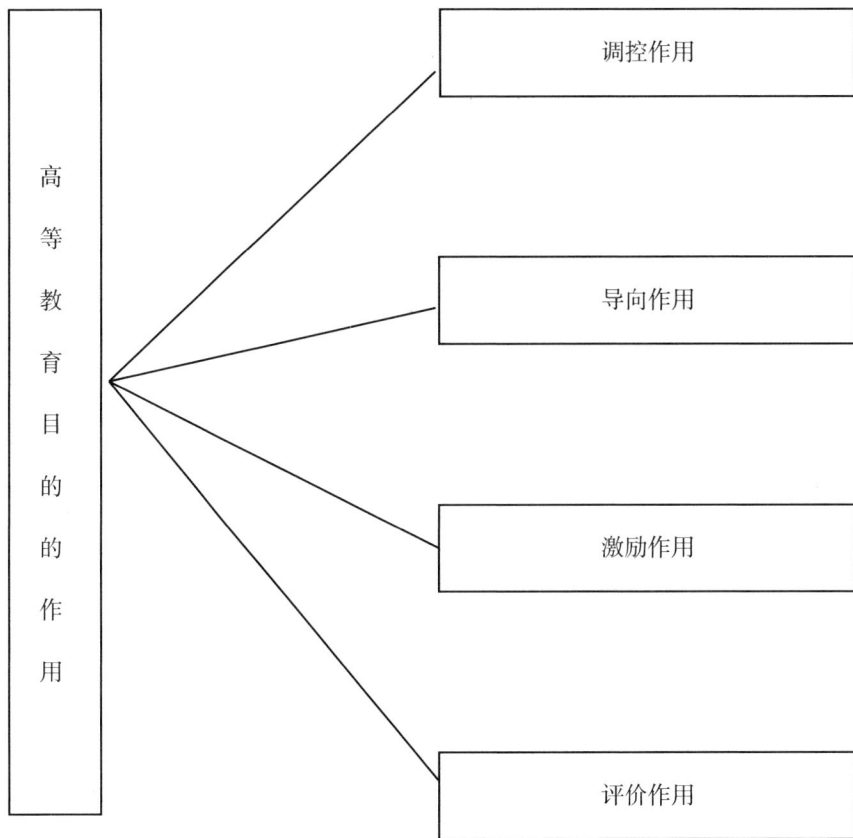

图 3-2 高等教育目的的作用

① 张忠华 . 高等教育专题新论 [M]. 北京:光明日报出版社,2013.

（一）调控作用

高等教育目的对整个高等教育活动的全过程具有调控作用。高等教育目的的调控功能,从宏观上说是指它对高等教育改革、教育规划和教育结构的调整,具有协调、控制和支配等作用;从微观上说是指它对大学生的成长和发展,也具有控制作用,它可以克服学生盲目发展的倾向,抵制各种不符合高等教育目的要求的活动,使学生按照预定培养过程和期望的目标发展。

（二）导向作用

高等教育目的一经确立,就成为高等教育活动的方向。不仅为教育者指明工作方向和奋斗目标,也为受教育者指明发展方向,并预定了受教育者发展的结果。高等教育目的无论是对大学生,还是对高校教师都具有导向功能。同时,高等教育目的也对整个高等教育过程具有支配、指导和导向作用。

（三）激励作用

目的是一种结果指向,一旦被人们认识和接受,不仅能指导实践活动的全过程,而且能激励人们为实现目的而奋斗。

（四）评价作用

高等教育目的是衡量和评价高等教育效果的根本依据和标准。检查和评价高等教育教学过程质量,检查高校教师教育教学质量,评价高校教师工作质量和效果,检查学生的学业成绩和发展程度,都必须以高等教育目的为根据。

三、制定高等教育目的的依据

高等教育目的要以一定的理论和实践基础为依据,体现时代特征（图3-3）。

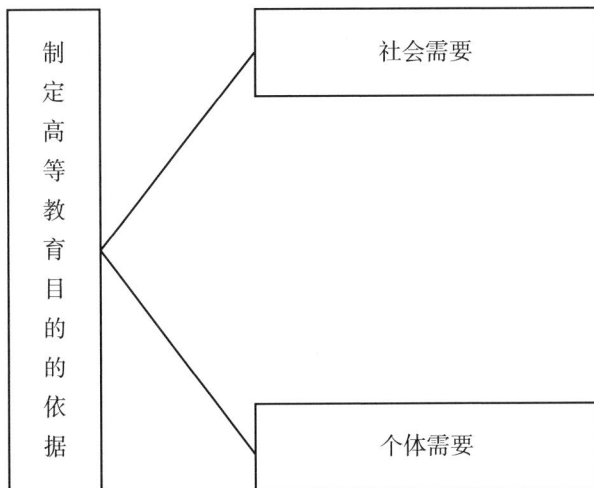

图 3-3 制定高等教育目的的依据

（一）社会需要是制定高等教育目的的客观依据

社会是人类生存的空间，是人才成长的摇篮，高等教育作为一种社会活动，首先要依据社会需要来确定自己的目的。在阶级社会里，占有统治地位的阶级总是按自己的阶级意志和政治路线培养自己的专门人才。社会需要决定着人才规格，决定着各级各类人才的数量和质量。

（二）个体需要是制定高等教育目的的内在准则

个体需要包括生理需要和心理需要两个方面，其中生理需要是制定高等教育目的的生理前提。促进体格健壮、提高体质体能、增强抗病能力和培养良好的精神状态是学校教育的重要目标。所以，要重视体育对培养年轻一代的生理素质的作用。作为一个完整的个体还需要有健全的心理。个体的心理需要是多层次的，随着生理的发展，个体的心理也不断发展，并在不同的发展阶段体现出不同的特点。将受教育者的生理需要和心理需要完善地结合起来，是制定高等教育目的的基本思想。

四、实现高等教育目的的途径

德育、智育、体育、美育构成了高等教育活动的基本内容，其余活动都围绕着它们来进行(图 3-4)。

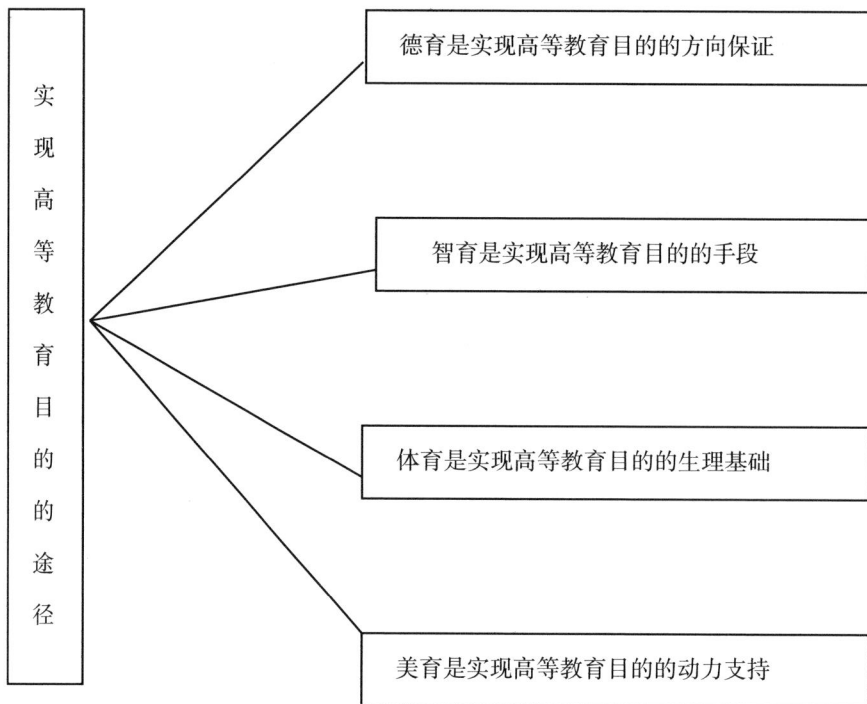

图 3-4 实现高等教育目的的途径

(一)德育是实现高等教育目的的方向保证

德育是向学生传授一定的社会思想政治观点和道德规范,以形成他们的思想品德,发展他们的道德判断能力和自我修养能力的活动,属于形成个性的教育范畴。对巩固和发展一定的生活制度、形成统一的社会规范、确立稳定的社会秩序等具有重要作用,对于受教育者各方面素质的发展具有导向作用,历来是高等教育目的的重要组成部分。我国社会主义高等学校的德育是培养现代化建设的开创者和造就无产阶级事业接班人的重要措施之一。对广大学生进行以社会主义思想体系为主导的德育是高等学校坚持社会主义办学方向的根本保证。

（二）智育是实现高等教育目的的手段

智育是知识教育和智能教育的总称,是向学生传授系统的科学文化基础和基本技能、发展他们的智力的活动。其内容包括文化科学领域的所有知识技能,包括人类认识能力的所有因素,是实施德育、体育、美育的必要前提。

（三）体育是实现高等教育目的的生理基础

学校体育是有计划、有组织地授予学生身体锻炼和运动的知识技能,强化学生体能,提高学生运动能力,并形成良好品德的教育。它是以学生身体活动为媒介,培养新一代身心全面协调发展的教育,是高等教育目的的重要组成部分。

（四）美育是实现高等教育目的的动力支持

美育既是高等教育目的的重要组成部分,又是一种富有说服力、感染力和吸引力的教育手段。美育在促进人的全面发展过程中具有独特的作用。

五、高等教育目的的体系

高等教育目的的体系主要包括三个部分的内容(图 3-5)。

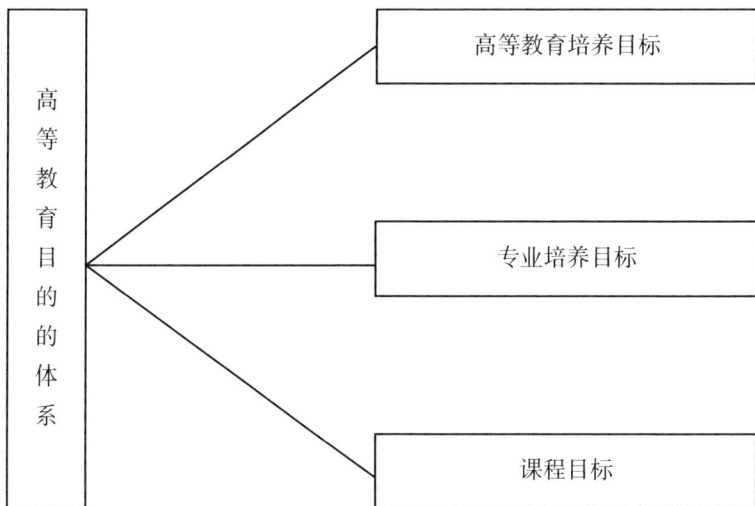

图 3-5　高等教育目的的体系

（一）高等教育培养目标

培养目标是各级各类学校各个学科根据国家的教育方针和自己学校的实际情况,对培养对象提出的特定要求。所谓培养目标,是以最理想的人的姿态选定下来的特定的人的形象作为教育的追求。[①] 培养目标并不像教育方针那样遥远,它具有具体性。不同类型及不同层次的学校有不同的培养目标,因而培养目标具有多元性,在各级各类学校教育活动中具有协调作用。

（二）专业培养目标

高等学校培养目标最终是通过专业培养目标体现出来的,因此专业培养目标是高等教育目标的灵魂,是高等学校培养目标在不同的专门化领域的具体化。它规定了各专业所要培养的人才应达到的基本素质和业务规格。专业培养目标的基本内容包括培养方向、使用规格和相应的质量要求。

1. 培养方向

培养方向是专业培养的人才所对应的职业种类,如教师、医生、律师、工程师等。

2. 使用规格

使用规格指明同一类专业中不同人才在层次上的差异,如理论型与应用型的差异、科学型与技术型的差异等。

3. 相应质量要求

质量要求包括基本素质和业务规格两个方面。

（1）基本素质

基本素质主要体现在思想政治和职业道德、社会认知和社会交往、体格体能和情感性格等方面。

（2）业务规格

业务规格包括基础理论、专业知识、技能等。

---

① 张忠华.高等教育专题新论 [M].北京:光明日报出版社,2013.

专业培养目标是设计课程体系的直接依据和参照,在设计具体的课程时,专业目标进一步具体化,亦即转化为课程目标。

（三）课程目标

课程是实现专业培养目标的手段。课程目标有两层含义。

第一,是围绕本专业的培养目标所要建构的课程体系。

第二,是每一门课程所要达到的结果。

尽管课程目标表述不一,但中心思想是一致的,即根据需要和可能,最大限度地实现社会经济发展和学生个性全面和谐发展的统一。

第四章

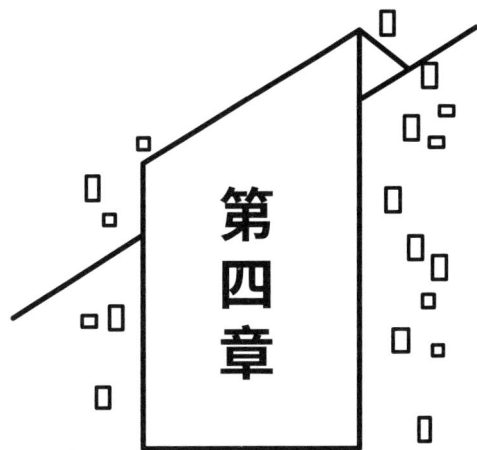

大众化发展阶段高等教育教师与学生研究

高等教育教师是传承和创新高深知识的主体,对高等学校的发展有着举足轻重的作用。因此,明确高等教育教师的地位与作用,尊重高等教育教师的待遇,关注高等教育教师的职业道德修养,建设一支数量适当,结构合理,政治、业务素质精良,充满活力的教师队伍,是办好高等教育的关键。高等教育学生的基本特点,体现了高等教育学生作为青年人所特有的生物规定性、思维规定性和社会规定性,主要包括生理特点、心理特点等。正确把握高等教育学生的基本特点,是大学教育的一个基本前提。本章即对大众化发展阶段高等教育教师与学生进行系统研究。

第一节　高等教育的教师

一、高等教育教师的工作特点

高等教育教师的工作具有显著的特点,概括来说主要包括以下几方面(图4-1)。

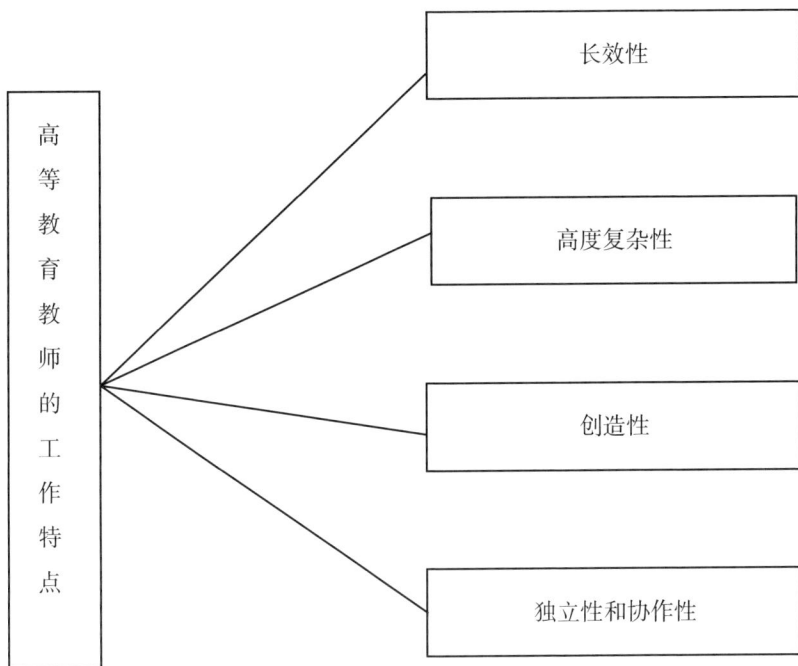

图4-1　高等教育教师的工作特点

(一)长效性

人的成长和发展需要一个过程,高等教育教师劳动的长效性是别的任何劳动都无法比拟的。作为促进学生发展的高等教育教师的劳动不可能立竿见影,其成效需要一定的时间,要经过几年甚至几十年才能显露出来。

（二）高度复杂性

高等教育教师的劳动是复杂劳动,其原因主要包括以下几方面。

第一,高等教育教师面对的是具有一定生活经验、科学文化知识和抽象思维能力的成人,由于学生来源经历不同,年龄不同,生理、心理及知识水平存在很大差异,因此形成劳动对象的复杂性、多样性。

第二,高等教育教师劳动的职责是多方面的。既要教书,又要育人;既要传授知识,又要发展智力;既要使学生在毕业后能适应生产发展的需要,又要使他们适应现有的生产关系,适应社会生活。

第三,高等教育教师的劳动具有时空无限性的特点。高等教育教师要认识掌握、改变其劳动对象,把人的发展上的无限可能性转化为教育目的、培养目标所要求的现实性,所支付的社会必要劳动时间几乎是难以估算的。

第四,高等教育教师劳动的能力需要是复杂的。教师不仅要有较高的教学水平,还要有较强的科研能力,并能把自己的科研成果及时地推广、宣传出去,达到产学研结合的最佳状态,不断推动社会生产力的发展。

（三）创造性

高等教育教师劳动的创造性主要体现在三个方面。

第一,教师的教学过程不仅要使学生能够掌握更多的科学知识,还要把知识转化成智力和能力,这个过程本身就是一个复杂的创造性的过程。

第二,高等教育教师向学生传授的科学文化知识和生产技艺具有深、广、新的特点,因此高等教育教师不仅在教学和科研中要掌握运用与本学科有关的新知识、新技艺,而且还要自觉探索新知识,创造新技艺。

第三,教师向学生传授知识、培养学生各种能力的过程,本身需要教师开展创造性工作。教师在教学过程中必须根据不同情况创造性地运用不同的教学方法,要从教材和学生的实际出发,按照教学大纲的要求,有计划、有步骤地引导学生独立地进行分析、综合、比较、抽象、概括等思维活动,充分发挥学生的主动性和积极性,注重培养每一位学生的创新性思维、情感和意志。

（四）独立性和协作性

高等教育教师的教学、科研和做思想工作都具有较大的独立性，一般是以个体的方式进行的。高等教育教师不实行坐班制，工作时间和非工作时间没有明确的界限，他们的脑力劳动不受时间、空间的限制。这种以个体为主的工作方式，对于充分发挥教师的积极性、创造性具有十分重要的作用。但是，高校的人才培养、科研以及社会服务等职能又绝非某一位教师可以单独完成的。这就需要高等教育教师打破学科、专业之间的界限，不同专业的教师相互学习、借鉴，共同完成高校的任务。

二、高等教育教师的角色特征

教师的角色特征体现了教师的职业特征，以及此角色与社会生活的多方面、多层次的联系。概括来说，高等教育教师的角色特征主要包括以下几方面（图 4-2 ）。

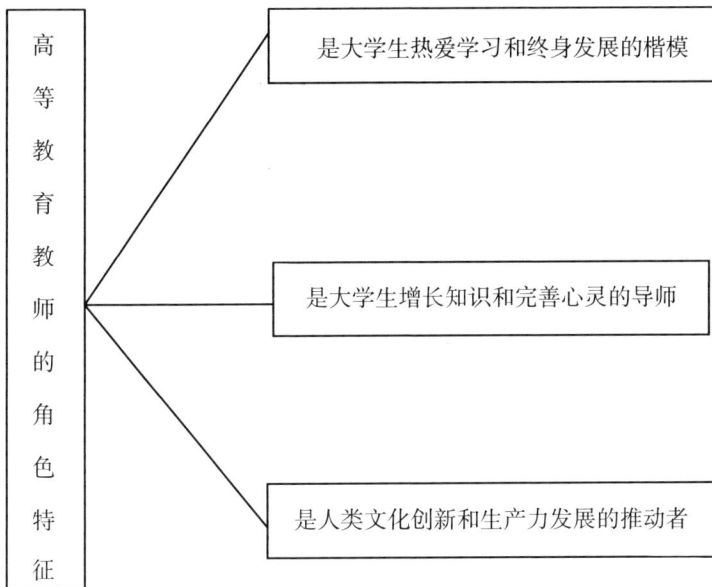

图 4-2 高等教育教师的角色特征

（一）高等教育教师是大学生热爱学习和终身发展的楷模

在人类知识总量呈几何级数增长的今天，高等学校若要培养出符合时代发展潮流的合格人才，以促进人类社会不断向前发展，就不可能也不能停止对知识的不断追求与学习。唯有学而不厌的教师才能教出学而不厌的学生。他们这种热爱学习和终身学习的态度和表现，对高等教育学生的发展赋有"润物细无声"的影响，堪为高等教育学生热爱学习和终身发展的楷模。

（二）高等教育教师是大学生增长知识和完善心灵的导师

教师的首要角色是教书育人。教书，就是把人类历史长期积淀的文化精华传授给学生，以完成对学生的知识传授和能力培养；育人，就是注重学生在教学活动中的道德生活和人格养成，从而使教育教学过程成为学生道德提升和人格养成的过程。总之，高等教育教师在促进学生文化知识的同时，也要注重对学生的生命存在、德性灵魂及其发展的整体关怀。

（三）高等教育教师是人类文化创新和生产力发展的推动者

教师通过劳动，把人类社会积淀的文化精华与间接经验，以最快的速度和最有效的方法传授给新一代，使他们在较短时间内适应现实社会的实践活动，取得发展人类文化和社会生产力的最佳途径和最大效果。因此说，教师是人类文化创新和社会生产力发展的关键，起着继往开来、承前启后的作用。尤其是高等学校的教师，他们走在各自学科领域的最前沿，代表着各自学科发展的水平和方向，是人类文化创新和生产力发展的推动者。

三、高等教育教师的基本素质

高等教育教师的基本素质包括文化素质、心理素质和道德素质三个方面（图4-3）。

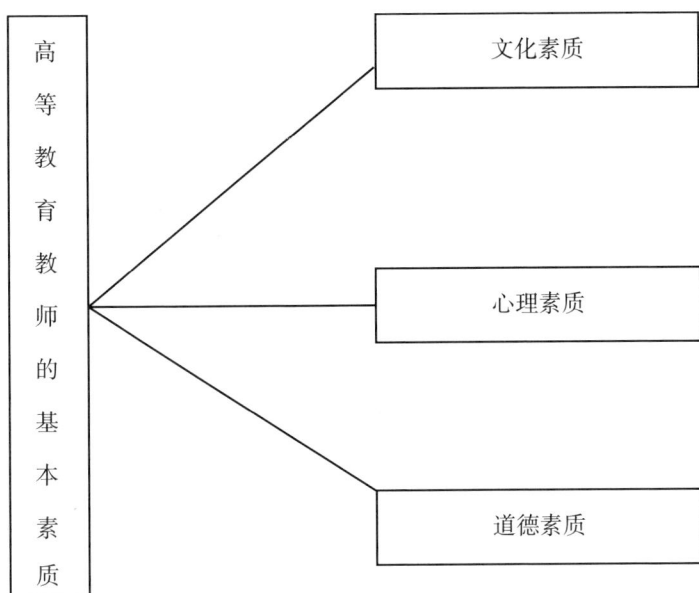

图 4-3　高等教育教师的基本素质

（一）文化素质

高等教育教师的文化素质,是指高等教育教师在从事教书育人和科学研究活动中所具备的科学文化知识的深度和广度,即所应具备的知识结构。① 具体来说,高等教育教师的文化素质主要包括以下几方面（表 4-1）。

表 4-1　高等教育教师的文化素质

高等教育教师的文化素质	具体阐述
专业知识	高等学校的教师一般都担负着某一学科或某一专业领域知识的教学或科研工作,因此掌握自己所从事学科专业的宽厚的基础理论和坚实的专业知识,是一名高等教育教师的基本要求。教师的专业知识是其知识结构的主要骨架。教师必须在全面、系统地掌握本学科专业理论的前提下,根据科技发展趋向和社会建设要求,不断积累本学科知识,将最新科技成就引入教学之中。实践表明,基础理论宽厚、专业知识较深的教师不仅适应能力强,善于解决教学、科研中出现的新问题,有助于自身的提高和发展

① 胡弼成.高等教育学 [M].长沙：湖南师范大学出版社,2015.

续表

高等教育教师的文化素质	具体阐述
科学基础	教师在拥有自己所任专业知识、把握本学科的发展趋势及最新成就的前提下,还应当拥有与自己所任专业有密切联系的相关科学基础,使其文化修养更扎实、更系统、更完整、更高深,这也就是通常所讲的"渊博"
教育智慧	教育智慧是教育科学理论知识和教育实践艺术在教师身上的综合体现。它是教师不同于一般职业而又高于其他职业的素质要求,体现了教师文化素质的特殊性。教育科学理论知识是高等教育教师文化素养的重要组成部分,它主要包括教育学原理、课程与教学理论、高等教育学、教育心理学、教育研究方法论等内容。在教学科研实践中,运用这些理论知识做指导,可以使教育活动不止停留、徘徊于过去的经验基础上,而使教师的工作建立在遵循教育规律的有效之途中

（二）心理素质

心理素质是指高等教育教师为了适应教育、教学、科学研究等工作而必须具备的,并在长期的工作实践中形成的心理品质。[1] 这里我们主要探讨的是高等教育教师应具备的非智力因素——心理品质（表4-2）。

表4-2 高等教育教师的心理品质

高等教育教师的心理品质	具体阐述
情感品质	道德政治感、美感和理智感,在教师的情感品质中占主导地位。这些情感品质与高等教育教师的世界观、道德信念、观点、知识等有着非常密切的联系。它们广泛地表现于高等教育教师的教育实践活动之中,并对实现教育教学目的、形成高等教育学生积极的个性品质、建立良好的师生关系等具有重要作用
意志品质	在教师的意志品质中,表现出他个人的积极性、自我调节能力、有意识地调动精力和控制自己行动的能力。这种意志品质既是保证教师高效率地、顺利地进行教学科研工作的心理前提之一,也是学生学习的楷模

---

[1] 胡弼成.高等教育学[M].长沙：湖南师范大学出版社，2015.

续表

高等教育教师的心理品质	具体阐述
个性品质	个性心理主要包括兴趣和性格。高等教育教师的兴趣特征表现在对教学与科研有稳定的兴趣和对学识有广博的兴趣。其性格特征主要表现在对周围现实以及对自己的态度方面。良好的兴趣与性格,有助于形成高等教育教师的知识结构、情感和意志品质,以保证其工作与学习的高质量和高水平

(三)道德素质

教师的道德素质,即师德问题,是重要而亟待加强的问题。其基本内容主要有以下方面(表4-3)。

表 4-3　高等教育教师的道德素质

高等教育教师的道德素质	具体阐述
热爱学生	热爱学生是真诚地爱学生,向学生毫不保留地倾注自己的全部学识和心血,一心期望学生成为教育目标所规定的合格人才,并协助他们实现自身的全面发展。热爱学生是从教师热爱教育事业、愿意为高等教育学生奉献和崇高的敬业精神中体现出来的。热爱学生要求教师不仅要帮助学生实现他们的个人价值,也要实现社会价值
为人师表	为人师表是教师职业的根本特点。这就要求教师时刻严格要求自己,不仅要指导学生掌握科学文化知识,影响、引导学生的心理与道德面貌,使他们健康成长,而且在人格方面更应该成为学生的表率,做高等教育学生的楷模。教师要做到身正、业精、不惑,方能以身作则,对教书育人起到保证作用
学而不厌	学而不厌是教学和教育工作本身对教师的要求,也是教师不可缺少的美德。要适应不断发展、提高的教学工作要求,教师就要不断钻研业务,努力进取,精益求精,掌握教学规律,提高教学水平。勤奋好学的教师不断追求新知识,关注专业方面的学术动态与信息,注意收集与积累专业方面的资料,在教学的同时,不断提高学术水平。同时,勤奋好学的教师会对学生产生很强的熏陶力。特别是高等学校的教师,他们在传授知识的同时还在创造知识,而且所面对的又是求知欲强、善于探索的青年学生,因此更应该做到终身学而不厌
团结协作	在高等学校,无论是培养人才还是科学研究,都要依靠广大教师的共同努力才能完成。因此,高等教育教师团结协作,形成合力十分重要。而且,高等学校教学科研工作是一项系统工程,需要各个环节的密切配合。可见,要圆满完成高等教育的任务,高等教育教师必须具备团结协作精神

四、高等教育教师的结构

高等教育教师的结构如图4-4所示。

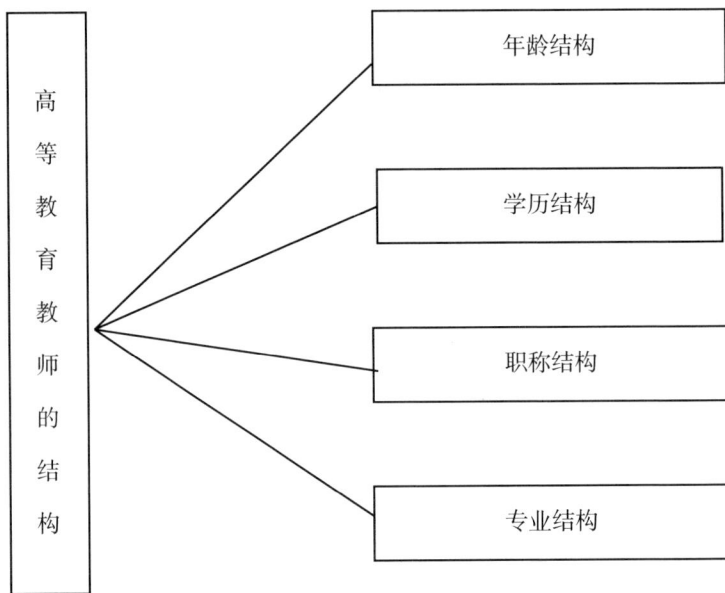

图4-4 高等教育教师的结构

（一）年龄结构

年龄结构是指教师队伍年龄构成的比例状况，也就是老、中、青的比例状况。脑力劳动需要有精力旺盛和创造性思维能力。我国过去教师平均年龄偏高，对于办好大学是不利的。近年来，有许多年轻教师涌现出来，他们主要来自近几年来培养出的硕士生、博士生，不少在35岁以前就被评为副教授，在45岁之前就当教授，这其实就在逐步改善教师队伍的年龄结构。

（二）学历结构

学历结构是指教师队伍的最后学历状况构成的比例情况。我国现在明确提出要求，培养本科生和研究生为主的大学，要求教师应有硕士以上学位。原来只是本科毕业的青年教师，要求他们进修硕士学位的主要课程。要求将来的大学教师都能达到硕士或博士的实际水平,保证大学的教学与科研的质量。

（三）职称结构

一所大学,其教师队伍内部的职称比例如何才算合理,不能一概而论。高等学校类型不同、任务不同,可以有不同的教师职称结构。大专和本科的要求不同,本科大学的高职称的比例可大于专科。而培养研究生和科学研究任务比较重的大学,具有高职称的比例又要更大些。教授、副教授、讲师、助教形成一定比例,才能够发挥教师学术梯队的作用,更好地完成教学和科研工作任务。

（四）专业结构

专业结构是指教师队伍中不同专业或不同专业教师的比例状况。高等学校为适应经济、科学技术发展,全校要有多种学科的教师。多学科的教师结构正是高等学校不同于专门研究机构的优势所在,即使在同一学科的教研室中,也需要由不同专长的教师组成,这样有利于教学与科研的开展。

五、高等教育教师的培养与提高

要做好高等教育教师的培养和提高,必须做好以下几方面工作（图4-5）。

（一）以德才兼备、又红又专为培养目标

在职教师的进修中,虽然大量的时间、精力应当用于业务学习,以提高教师的学术水平和教学能力,但必须坚持无产阶级政治方向,注重道德修养,使所培养的教师成长为社会主义大学的教师模范。

（二）普遍提高与重点培养结合

为了使所有教师的教学、学术水平都能不断得到提高,必须对所有教师普遍提出进修提高的要求,同时应对少数拔尖的教师进行重点培养。师资的普遍提高,为重点培养创造了必要的基础与条件;重点培养的虽然只是少数教师,它却代表先进的水平,一旦有了杰出的人才,又能带动整个学科前进,也就更有利于普遍的提高。普遍提高的目标,是要求各级教师胜任自己的工作,并向高一级发展。重点培养的目标,则是要在若干年内,培养出一些学术上有更高水平和创造能力,能够列入国际、国内先进行列的尖端人才,成为各个学科领域的学术带头人。

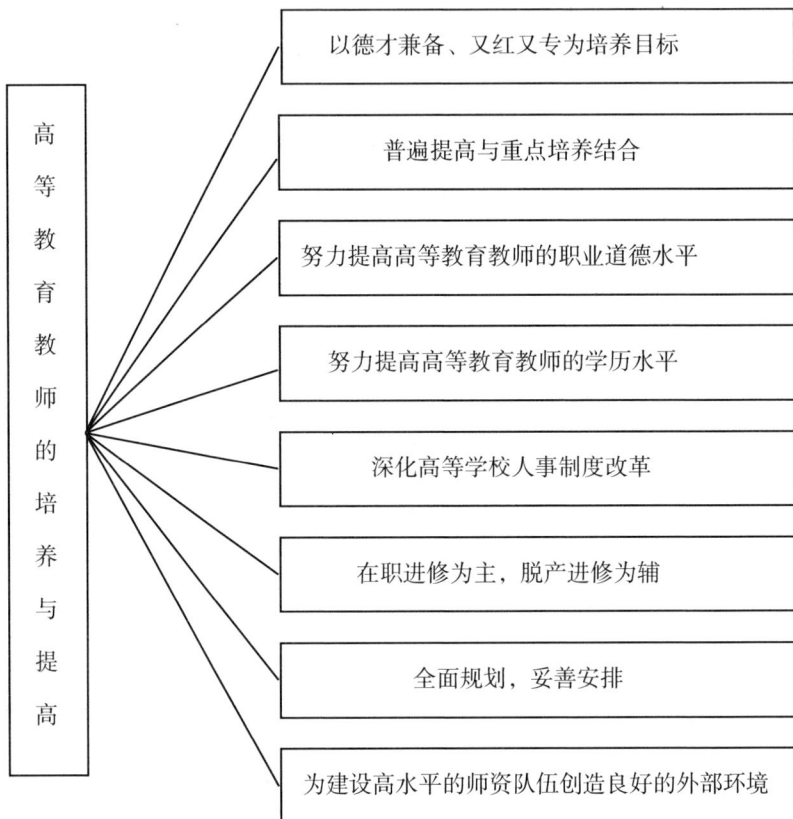

高
等
教
育
教
师
的
培
养
与
提
高

以德才兼备、又红又专为培养目标

普遍提高与重点培养结合

努力提高高等教育教师的职业道德水平

努力提高高等教育教师的学历水平

深化高等学校人事制度改革

在职进修为主,脱产进修为辅

全面规划,妥善安排

为建设高水平的师资队伍创造良好的外部环境

图 4-5 高等教育教师的培养与提高

（三）努力提高高等教育教师的职业道德水平

具备良好的职业道德是对教师的最基本要求,高等教育教师的政治态度和思想素质对学生会产生很大的影响。因此,高等学校必须重视并加强教师的职业道德建设,重视和加强宣传教育,实施以"爱岗、敬业、奉献、为人师表"为主要内容的师表工程,增强教师教书育人、为人师表的自觉性和责任感。

（四）努力提高高等教育教师的学历水平

现代科学技术和生产力的发展,要求高等学校培养出来的人才具有更强的适应能力和创造能力,要求教学和科研更加紧密地结合,因而必然要求高等教育教师具有更高的基础理论水平和更强的科研能力,要求教师受过高层次的教育。高等教育教师的高学历化,是高等教育教师具备应有素质的基本保证,是现代科学技术和生产力发展对高等教育的要求。

（五）深化高等学校人事制度改革

高等学校师资队伍建设必须更新观念,深化认识,建立科学的师资管理体制。

第一,按照相对稳定、合理流动、专兼职相结合、资源共享的原则,改革教师队伍管理模式,促进教师资源的合理配置、充分开发和有效利用。

第二,改革用人制度,逐步实行真正意义上的教师聘任制,建立能进能出、能上能下的用人机制,彻底打破论资排辈的状况。

（六）在职进修为主,脱产进修为辅

在职教师都有自己的工作任务,因此大量的教师应当坚持经常性的在职进修,边工作边学习。面对学术水平不够且有培养前途的青年教师,应开设新课、引进科学技术,本校无法培养的,可选派适量教师脱产进修。

在职进修的方式,主要是在教学、科研实践中学习、锻炼。实践证明,坚持在教学、科研实践中边干边学边提高,为教而学,目的明确,是培养在职教师的有效途径。校际互派进修教师,或举办"助教进修班",集中一段时间,脱产进修,可以较快地完成一定的学习任务。脱产进修一般以半年至一年为宜,进修内容主要是带着任务系统学习,参加助教进修班学习,时间可以稍长,系统地学习相当于研究生的主要课程,为他们在教学实践中进一步提高业务能力和以后担任讲师工作打下较好的基础。

（七）全面规划，妥善安排

师资培养提高是一项长期性的工作，要根据本单位的具体情况与事业发展规划，制订师资培养规划。要分别对象，提出不同要求，长计划，短安排，制订措施，落实到人；要保证教师有进修的时间。有条件的学校，还可以建立讲师以上教师轮流休假制度，让他们能够有一段集中的时间从事进修、科研或其他工作；要加强组织、检查工作，建立、健全教师考核晋升制度。同时，师资培养工作要分级管理，层层负责，经常检查督促。要加强平时考核与定期考核工作，注意积累材料，建立教师业务档案。对达到晋升条件的，要及时提升。当然，不论何种方式的进修，都应当有相应的检查考核措施，防止放任自流。

（八）为建设高水平的师资队伍创造良好的外部环境

高等教育教师是培养人才的人才，是国家创新体系建设的主力军。最大限度地发挥广大教师的聪明才智，充分调动教师教书育人的积极性和创造性，是建设队伍建设的出发点和根本任务。高校领导必须统一思想，进一步加强对师资队伍建设战略地位的认识，努力创造良好的条件和环境，营造尊师重教的良好氛围。高校党政部门和后勤部门要牢固树立为教学科研服务、为教师服务的意识，改进工作作风，提高服务水平和工作效率，从而激发广大教师爱岗敬业、无私奉献的热情。

第二节　高等教育的学生

一、高等教育学生的生理特点

当前，我国高等教育学生大都处于人生的青年中期，年龄一般都在17～23岁之间，生理上已全面接近或达到成年人的水平，人体器官的功能已趋于完善和成熟，进入相对稳定期。其特点主要包括以下几方面。

第一，生长发育的身体各项指标增长趋于缓慢，已接近或达到成人水平，运动能力显著增强。

第二,高等教育学生内分泌腺的发育达到稳定和成熟,生殖系统逐渐达到成熟。

第三,高等教育学生的神经系统已接近成人水平,这一时期的青年表现为善于分析和综合客观事物,能够坚持较长时间的脑力活动。

二、高等教育学生的心理特点

高等教育学生的心理特点主要包括以下内容(图4-6)。

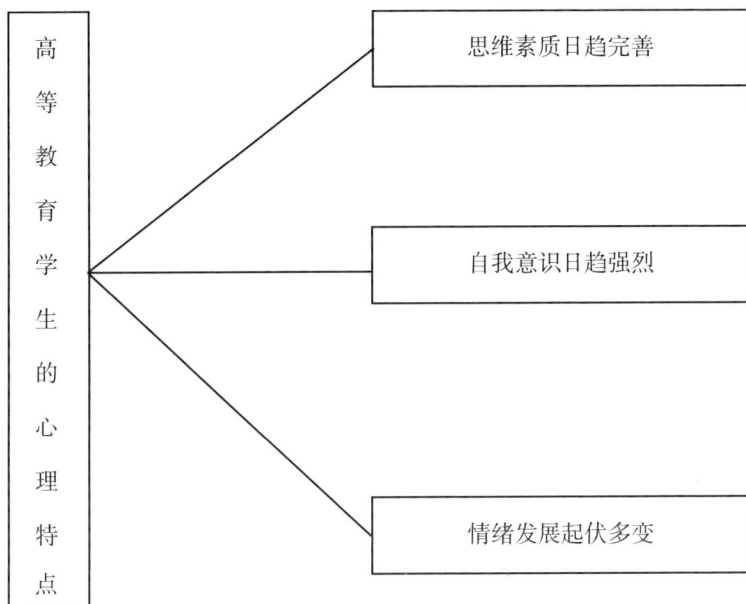

图 4-6　高等教育学生的心理特点

（一）思维素质日趋完善

高等教育学生的神经系统特别是大脑的机能已发育成熟,经过教育训练和专业学校,大脑接受信息、传递信息、综合信息的能力也大大提高,这一切为高等教育学生思维素质的完善奠定了生理基础。

第一,高等教育学生思维的抽象性明显增强。随着知识量的急剧增加,特别是专业训练难度的不断加大,高等教育学生的抽象思维在整个思维中已占主导地位。

第二,高等教育学生思维的独立性明显增强。在抽象思维不断发展的同时,高等教育学生的独立思考能力得到了提高。

第三,高等教育学生的思维已具有一定的创造性。高等教育学生的智力水平已发展到不再是简单地掌握信息,而是通过自己的思维去分析、综合、加工各种信息,创造出新的知识的程度。

(二)自我意识日趋强烈

自我意识是人的认识过程中的一种特殊的表现形式,是个体对自我及周围人的关系的认识,它包括自我观察、自我评价、自我体验、自我监督、自我控制、自我教育等形式。高等教育阶段正是自我意识的迅速发展阶段,一般具有以下特点。

第一,自我意识开始分化,并且迅速发展,自我矛盾开始出现。

第二,高等教育学生自我意识矛盾日益突出,但调控能力相对较弱。

第三,自我意识的矛盾转化不断进行,且渐趋稳定。

(三)情绪发展起伏多变

高等教育学生的情绪发展起伏多变,具有以下几个特征(图4-7)。

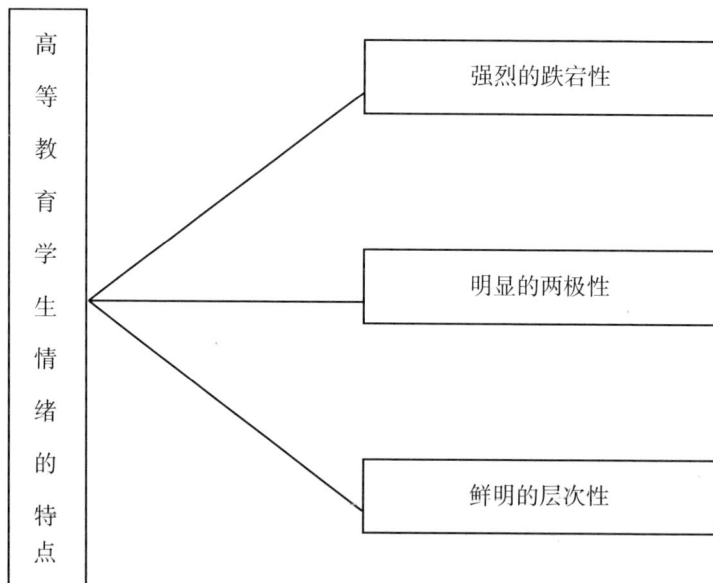

图4-7 高等教育学生情绪的特点

1.高等教育学生情绪具有强烈的跌宕性

高等教育学生热情奔放,容易激动,有着丰富、复杂、强烈的情绪世界。他们时而热情奔放、激昂慷慨,时而忧郁悲观、怨天尤人,高兴时手舞足蹈,消沉时无精打采,苦闷时受鼓舞能精神振奋,兴奋时遭挫折则灰心丧气,喜怒哀乐溢于言表。个别心胸不够宽广的人,甚至会走上轻生之路。相当一部分刚跨进大学校门的同学,争强好胜,自尊心极强,事事不甘落后于人,有一股蓬勃向上的朝气和热情,对一切充满了憧憬和幻想。然而经过一段时间观察会发现,大学校园群英荟萃,高中时代自己"鹤立鸡群",现在反而成了"马尾牛后"。他们中的一部分人会顿时由自尊热情转变为自卑消沉,感到懊恼泄气,甚至因此陷入极度苦闷而不能自拔,出现情绪的大起大落。此外,女大学生一般比男大学生更富于浪漫的想象力,他们经常在梦幻中编织着美妙的生活图景。

2.高等教育学生情绪具有明显的两极性

高等教育学生情绪两极性的具体表现如下(表4-4)。

表4-4　高等教育学生情绪两极性的具体表现

高等教育学生情绪两极性的具体表现	具体阐述
波动与稳定共存	高等教育学生情绪的波动性表现为往往从一个极端走向另一个极端,今天对某人钦佩得五体投地,明天又觉得不屑一顾。与波动性相对的便是稳定性,高等教育学生在形成一个看法后往往不易改变,能够坚持自己的观点
丰富性和狭隘性共存	进入大学以后,学习、生活环境的变化,给高等教育学生提供了产生新的需要与愿望的广阔天地。随着学习领域的扩展和教育方式方法的不断更新,使学生的社会化进程逐渐加快,这使得高等教育学生的情绪显得更加多姿多彩。但也不能否认,有相当多的高等教育学生情绪体验尚存在一些狭隘性,如有些高等教育学生对理想、对事业的追求仅仅是物质利益、社会地位,对学习的热情仅仅是为了荣誉和奖学金,把友谊理解为"江湖义气",是为了索取别人的理解等

续表

高等教育学生情绪两极性的具体表现	具体阐述
微妙的隐蔽性	高等教育学生的情绪表现具有内隐的、曲折的性质。他们往往不肯轻易吐露心曲、暴露秘密。在特别情况下,他们情绪的外显形式与内在体验并不一致,心口不一,让人不易把握其真实的思想脉络。为某件事情引起了强烈的愤怒之情,当觉得不便于直接表露时,便会努力压抑自己的情绪,告诫自己不宜轻举妄动,表现出漫不经心、若无其事或无动于衷的态度。这是情绪自我调控能力增强的表现。当然,高等教育学生情绪表现的这种状态并不是一贯的,与成年人相比,高等教育学生毕竟涉世未深,内心深处也存在希望被理解的强烈愿望,还比较坦露、率直,当意志不能完全控制情绪时,也会锋芒毕露,咄咄逼人。此外,在条件适当的时候,高等教育学生的真情也会被倾诉和表现出来

3. 高等教育学生情绪具有鲜明的层次性

高等教育学生情绪的发展是一个由不成熟到成熟、由简单到丰富的渐进过程,具有鲜明的层次性特点。大多数大学新生对自己能够跨进大学校门感到自豪和满足,难免有些飘飘然,个别人优越感达到顶峰,但对于生活环境等的改变变得茫然不知所措,自豪和满足中往往伴随着时隐时现的自卑和焦虑。因此,他们特别希望得到别人的关心和鼓励。他们对一切充满了美妙的幻想和憧憬,随心遂愿地将生活理想化。但由于他们摆不正个人与社会、与集体的关系和位置,往往会使其行动表现得盲目自信和过于自负,对自我认识和作用都缺乏系统分析的态度。到了大学二年级,随着对新环境的逐渐适应,生活经验的积累,情绪开始趋于稳定。一方面不会像新生那样容易激动和漫无目的;另一方面也不像毕业生那样充满对未来不确定性的担忧。他们能够根据自身具备的条件,学会妥善处理各种人际关系,探索未来的发展方向。大学三年级,情绪一般比较稳定,他们对周围的一切有所了解,能够根据已有的知识经验等,对外界的各种影响加以有选择地吸收,从而确定自己的理想。到了大学四年级,高等教育学生经过几年的学习,大体掌握了教学大纲所要求的各种知识,世界观基本形成。他们的情绪趋于稳定,能够比较理智地对待和处理各种问题。但由于面临毕业和择业,精神上又处于一种紧张状态。概括起来,四年级学生程度不同地存在着以下三种心理状态。

第一，责任感。对社会政治、经济生活中的重大事件更为关心，能够抓紧在校的有限时间，争取在政治和业务上再有所提高。

第二，紧迫感。觉得自己已经上大四了，马上就要踏上社会，他们希望可以在这一段时间内积累知识，为以后的生活做好准备，所以总觉得时间不够用。

第三，忧虑感。担心学非所用，将来胜任不了所承担的工作任务；考虑未来工作单位是否理想，能否发挥自己的才能；担心自己选择的工作单位不满意而领导又不允许流动等。

由此可以看出，从低年级到高年级，高等教育学生情绪的波动性逐渐减弱，稳定性日趋增强。

三、高等教育学生的心理健康

（一）高等教育学生心理健康的现状

青年时代是人一生的黄金时代，是长身体、长知识、长见识，各方面日趋成熟的时期。处在此时的当代高等教育学生，其生理、心理的变化既快又显著，表现出许多突出的特点。总体上来说，多数高等教育学生的心理是健康的，他们思想活跃、精力充沛、朝气蓬勃、求知欲强、渴望成才，对未来充满信心，充分体现了时代的特征。他们善于独立思考，学习效率高，有较健全的意志，自我意识也有新的发展，认识水平和认识能力逐步提高，情绪体验丰富且较稳定，并拥有良好的人际关系，对生活充满理想，进取心强烈，表现出饱满的青春活力，体现出人格的完整和统一。他们的人生观、世界观逐步形成，对社会、对人生、对生活、对学习都有较客观的认识，自我调控能力也有所提高，能较好地适应社会生活。然而，高等教育学生正处在个性形成的关键时期，他们的心理发展尚未完全成熟，缺乏社会生活的磨炼，心理承受能力比较薄弱，自我调节能力和自我控制能力不很强，因此在处理学习、工作、社交、友谊、爱情以及个人与社会的关系等人生的复杂问题时，缺乏综合权衡能力，常常引起心理矛盾的激烈冲突，造成心理发展过程中的失调，产生各种心理障碍，所以有相当一部分高等教育学生，他们的心理健康状况不容乐观。

（二）高等教育学生心理健康的影响因素

高等教育学生心理健康的影响因素有很多,概括来说主要包括以下几方面(图4-8)。

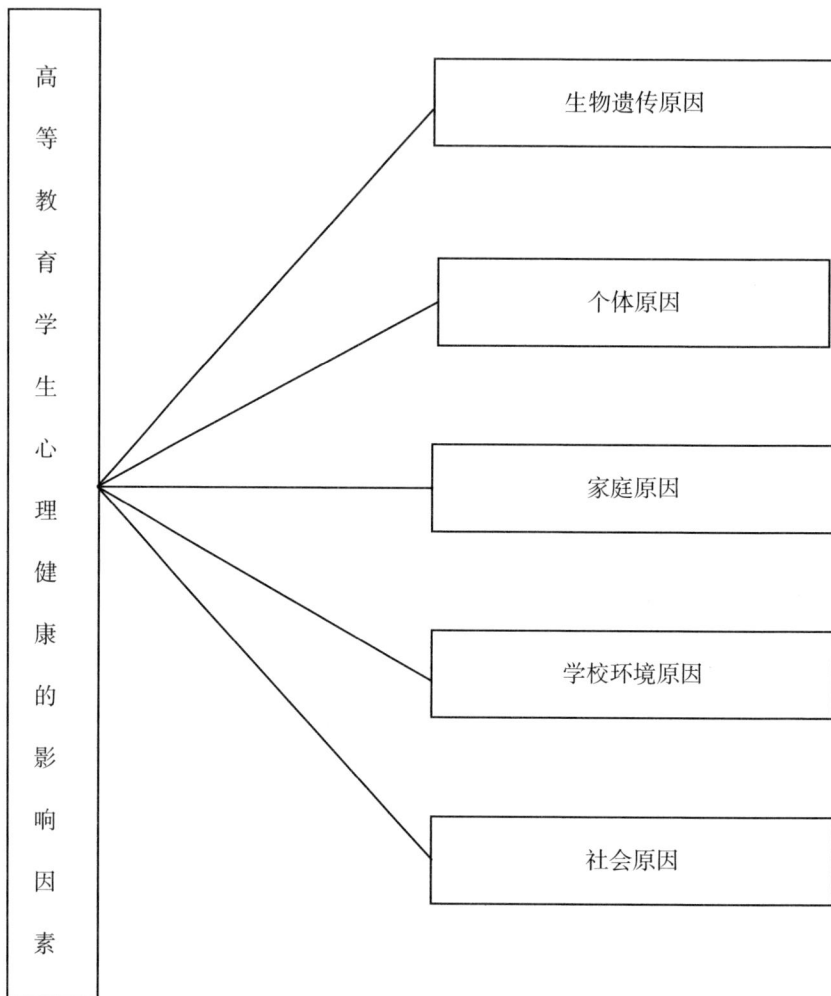

图4-8　高等教育学生心理健康的影响因素

1. 生物遗传原因

第一,生物遗传因素是影响高等教育学生心理健康的先天因素。虽然人的心理活动不能遗传,但心理活动的生理基础是受遗传因素影响的。统计数据与临床观察都表明,在精神疾病患者的家族中,其他成员患有精神疾病或某些心理异常的概率要显著高于无家族病史的人。

第二,脑外伤、中毒或病毒感染等也有可能造成脑损伤而导致器质性心理障碍或精神失常。例如,酒精中毒、煤气中毒、某些药物中毒可以对中枢神经系统造成伤害,出现心理障碍。

此外,严重的躯体疾病或生理机能障碍也可能成为心理障碍的致病原因,如甲状腺机能低下可导致思维迟滞、感觉迟钝、情绪低落等类似抑郁的表现;反之,甲亢则可能导致情绪高涨、精力活跃、易冲动等异常表现。因此,对高等教育学生心理问题的关注与干预不能忽视生物遗传因素的影响。

2. 个体原因

从人生的发展阶段来看,高等教育学生正处于青年中期。这个时期是脱离少年的稳定世界以后进入成人期的固定心理结构之前不稳定的时期。在高等教育学生的心理发展历程中,他们在校园期间也面临着沉重的心理发展课题,特别是刚刚进入大学校园的学生,他们的心理发展相对来讲并不是很成熟,情绪也不是很稳定,而且对于高校生活还充满了未知。由于周围生活环境和学习环境的改变,高等教育学生很容易对新的生活和环境产生不良的心理情绪,从而出现各种各样的心理问题。大多数学生的心理问题都是由于个体在成长和发展过程中面临的困难和挫折感到不安、迷茫、恐惧等产生的。

3. 家庭原因

现在的大多数家庭都是独生子女,在进入大学校园之前,他们中的很多人受到家长的百般娇惯,这就导致很多高等教育学生出现了依赖、任性、被动等心理,以至于进入大学后不能完全独立自主生活。此外,还有部分家庭过度严厉或者疏忽,导致这部分学生出现了胆怯、懦弱、盲从、自卑等心理倾向。这些都是影响高等教育学生心理健康的重要原因,而且从目前出现心理健康问题的多数学生来看,可以看到其受家庭影响的痕迹。

4. 学校环境原因

校园是高等教育学生学习与生活的重要场所,学校环境因素也会进一步影响高等教育学生心理健康。好的校园氛围能够促进高等教育学生的健康成长,而高等教育学生活中的各种变动也会成为压力的主要来源。

第一,进入大学意味着学习生活环境的改变。高校生活是独立的但又是集体式的,既需要自己安排衣食住行、学业与课余生活,又要调和与室友之间的关系。许多高等教育学生第一次离开家庭,自理能力不足;与室友之间也可能因为地域差异、生活习惯等原因产生摩擦。对学校环境适应不良,很容易让高等教育学生陷入孤独、落寞等负面情绪。

第二,进入大学也使得人际关系模式变得更为多元。同学之间的合作与竞争并存,在学业、择业等方面产生的直接的竞争压力更大;师生关系也变得更加平等、更多交流。如果社交能力不足,缺少适当的人际关系策略,就会更容易在人际关系中遇到挫折,也更容易一蹶不振。

5. 社会原因

影响高等教育学生心理健康的社会因素主要就是由于社会环境的变化和发展使高等教育学生未能跟上趋势,所以才导致心理上发生了问题。随着市场经济体制的改变,人们很多的生活方式和价值观念都发生了重大的改变,导致多种价值观冲突,而在这样的社会环境中,高等教育学生中一部分的人会感到迷茫和不安,而且大众的传播媒介在很大程度上也对高等教育学生心理健康造成了消极的影响,对高等教育学生的健康成长极为不利。

(三)高等教育学生心理健康的意义

高等教育学生心理健康具有重要意义,概括来说主要包括以下几方面(图4-9)。

1. 可以促进高等教育学生的全面发展

高等教育学生在学校或者工作和生活中发展的最基本需求就是心理品质的健康,这是高等教育学生毕业之后就业和生活的重要条件。而德智体美劳的全面发展就是以健康的心理品质作为前提的,个体的心理健康与否会直接影响和制约高等教育学生以后的发展。

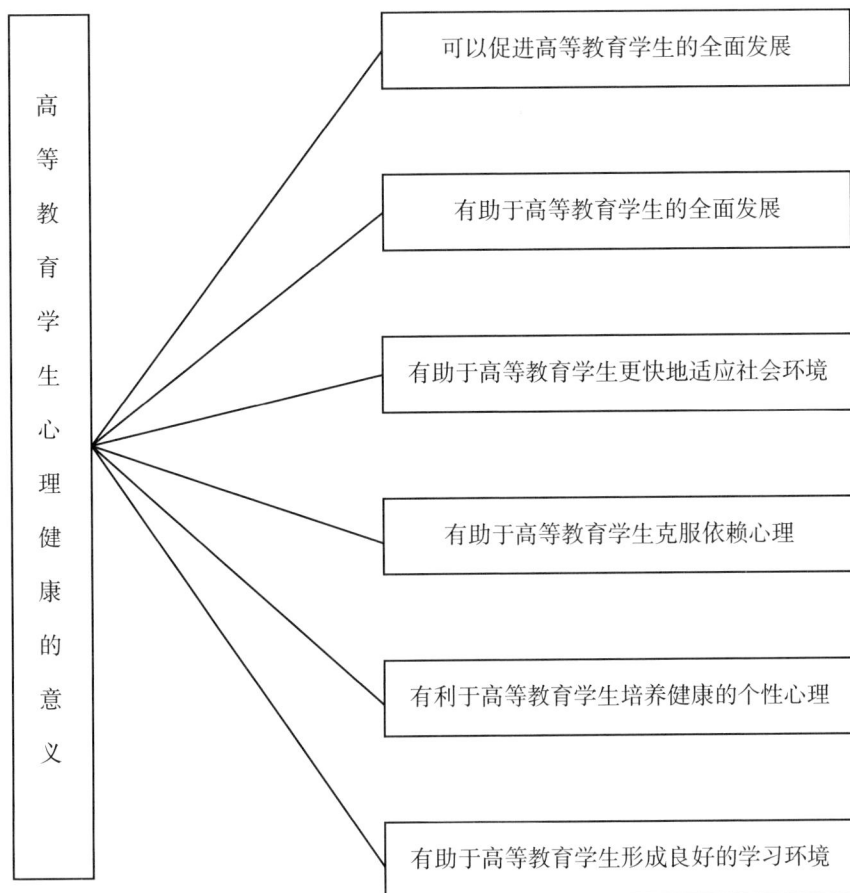

图 4-9　高等教育学生心理健康的意义

2. 有助于高等教育学生的全面发展

高等学校是我国培养社会主义现代化建设高级专业人才的基地,在面临 21 世纪挑战的今天,要求我们培养的高级人才在未来的国际竞争中,既能坚持社会主义道路,又能经受现代科学技术迅猛发展的挑战。高等教育学生要想把这种时代对自身的要求内化为主体成才的追求目标,求得自我的完善与发展,就必须具备相应的思想政治素质、心理品质等基本素质。其中心理健康是良好心理品质的基础,也是现代高级专业人才重要的内在素质。心理健康水平的高低对德、智、体全面发展有着重要的制约作用。因为德、智、体等方面的协调发展是以健康的心理作为基础的。全面发展则要求高等教育学生不断进行自我认识、自我评价、自我教育和自我调节。这样有利于促进高等教育学生心身的发展。

3. 有助于高等教育学生更快地适应社会环境

大学的学习生活是短暂的,高等教育学生早晚都要步入社会,经受社会的挑选和考验。对于生活阅历很短、社会经验不足、对社会应激变化的心理准备不充分的高等教育学生来讲,要更加注重心理品质的修养,加强和提高自己的心理健康水平,准备接受市场经济的挑战和锻炼。

4. 有助于高等教育学生克服依赖心理

每名高等教育学生都是通过自己在高中的努力和奋斗走向大学校园的,进入大学,面对的就是和高中校园截然不同的全新生活。在进入大学之前,想象的大学校园总是和现实中的不太一样,学习和生活环境的变化会导致一些高等教育学生很难适应。因此,高等教育学生必须要时刻注意自己的心理健康状态,克服以往对家长的依赖性,增强自己的独立自主意识,积极主动地去适应大学校园的生活。

5. 有利于高等教育学生培养健康的个性心理

高等教育学生的个性心理是指高等教育学生在学校的生活和学习中,面对周围的环境变化和对身边事物发生的态度和行为上表现出来的各种性格上的特征。个性心理的表现分为气质和性格两个方面。其中,气质的表现通常是通过情绪反映出来的个体上的特征,而性格的表现是除了情绪反应还有意志反应在个体上的特征。高等教育学生目前的个性特征普遍表现出朝气蓬勃、思维活跃、行动力强等精神状态,这些都是培养高等教育学生心理健康的基础和状态。

6. 有助于高等教育学生形成良好的学习环境

人的生活环境包括自然环境和社会环境。自然环境即气候、地理及其他物质条件;社会环境即家庭、学校邻里、工厂、工作单位等环境。自然环境为人的身体和心理发展提供物质条件,如氧气、光线等,并且通过影响脑功能而制约心理的发展,但影响心理发展的主要因素是社会环境。人的心理发展是在遗传素质影响的基础上通过环境特别是社会环境的作用得以实现的。校园良好的环境,一方面需要学校和社会加强校园环境的优化和建设；另一方面也是更重要的方面是靠高等教育学生自己去培养和营造。如果高等教育学生的心理是健康的，情绪是积极稳定的，没有不必要的心理负担，那么就容易在校园里形成浓厚刻苦的学习氛围、和谐亲善的人际关系、彬彬有礼的言谈举止、朝气蓬勃的精神面貌、丰富多彩的文化活动，这些都会大大优化高等教育学生的学习环境。相反，如果高等教育学生普遍精神状态不佳，没有远大的理想和目标，学习没动力，情绪低落，人际关系紧张，必然影响他们的学习成绩和成才质量，也就必然无法形成良好的校园学习环境。由此可见，学习环境能影响高等教育学生的心理发展，但健康的心理也有助于形成高等教育学生良好的学习环境。

第三节　高等教育中的师生关系

一、高等教育中常见的几种师生关系

高等教育中常见的几种师生关系如图 4-10 所示。

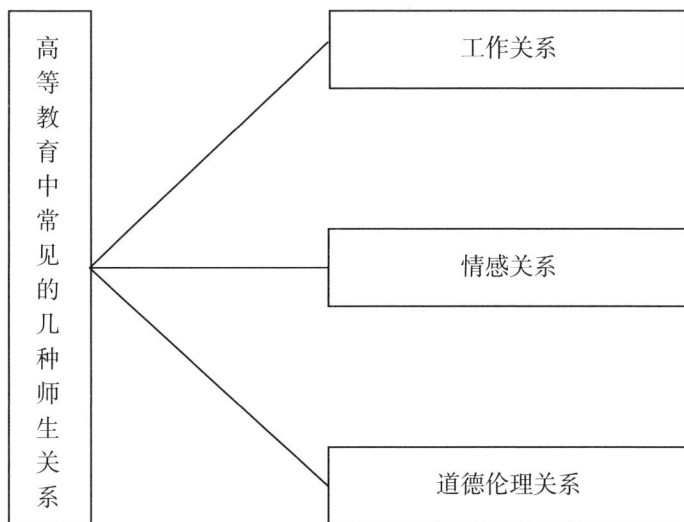

图 4-10　高等教育中常见的几种师生关系

（一）工作关系

高校师生工作关系是在共同完成教育教学任务过程中形成的一种自然关系。

（二）情感关系

教育心理学认为，双方的情感关系是学生取得学业成功和教师取得教学成功的关键。

第一，教师对学生的积极情感具有调节教师自身行为的功能。

第二，学生对教师的积极情感在教育中也具有重要意义。

（三）道德伦理关系

这种道德伦理关系是由一定的社会道德观念和道德规范所维系的，是一定社会道德风尚的重要组成部分。

二、建立良好师生关系对教师的基本要求

教育实践表明，良好师生关系的建立，教师对学生的态度行为起着重要的作用，作为高等教育教师应注重做到以下几方面（图 4-11）。

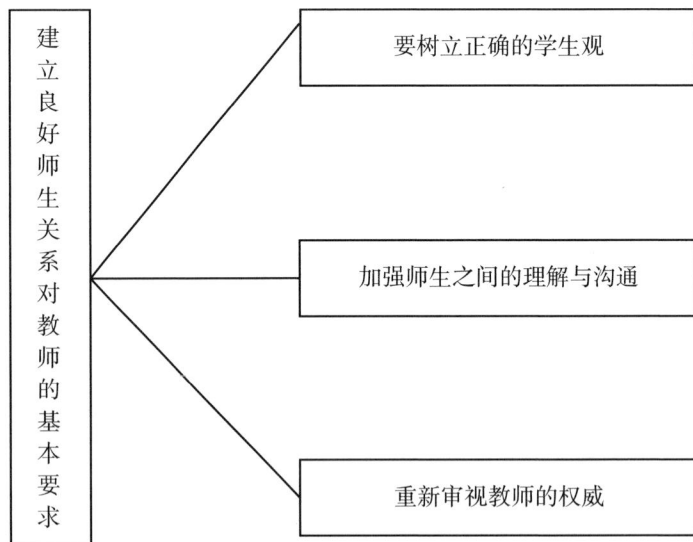

图 4-11　建立良好师生关系对教师的基本要求

（一）要树立正确的学生观

学生观有四个层面。

第一，学生是具有潜在的创造性价值的人，应该尊重学生。

第二，学生是正在成长的人。他们有弱点和缺点，但他们很快就会纠正和改进，很快就会接受新事物。

第三，学生是有各种需求的人。作为人，他们有各种需要，如生理需要、社会需要、物质需要和精神需要。教师应全面分析和正确处理他们的各种需求。

第四，学生是在教师指导下以学习为主要任务的人，这是他们的基本特征。

明确了学生观的四个层次，既可以防止教师中心论，也可以防止学生中心论。高校教师只有树立正确的学生观，才能有科学的导向意识、服务意识、民主平等意识和教与学的互利意识，才能高质量地做好教育教学工作。

（二）加强师生之间的理解与沟通

要建立良好的师生关系，双方需要对各自的角色规范有明确的共识和认可。为了改善师生关系，加强师生之间的理解与沟通，教师应主动深入学生，积极延长沟通时间，积极增加沟通频率，同时多发现学生的优点，在恰当的时候给予一定的表扬，这些都有助于改善师生之间的关系。尽管高等教育教师实行的是不坐班制度，可以上课来下课走，但不应该忽视学生与教师交流的需求。

（三）重新审视教师的权威

高等教育教师的权威不在于他们的地位上，也不在于他们的严肃面孔中，而在于他们所拥有的品格、知识、才能和适当的教育方法。教师不应该总是批评学生并要求他们服从。教师不仅是真理的拥有者和传道者，也是学生学习和成长的向导和朋友。教师应通过双向对话和交流，在关爱学生、民主平等、教与学的氛围中消除障碍，加强理解，树立权威。

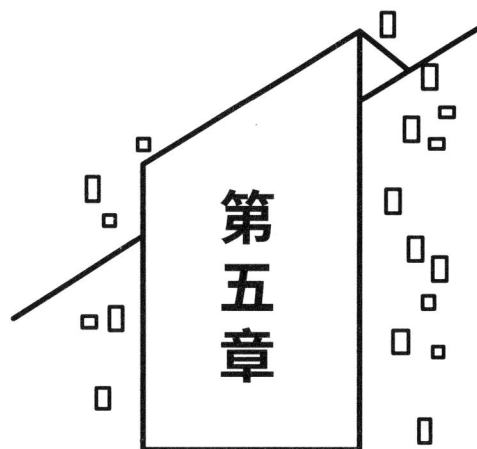

第五章

大众化发展阶段高等教育制度研究

教育制度是国家根据教育法律和国家教育政策，为保证教育目标的实现，从组织制度上建立的各种相互关联的教育机构体系。在高等教育中，这些基本制度主要包括高等学校的学制、招生制度、学位制度和毕业生就业指导制度。

第一节 高等学校的学制

一、学制的建立

学制建立的依据主要包括以下几方面(图 5-1)。

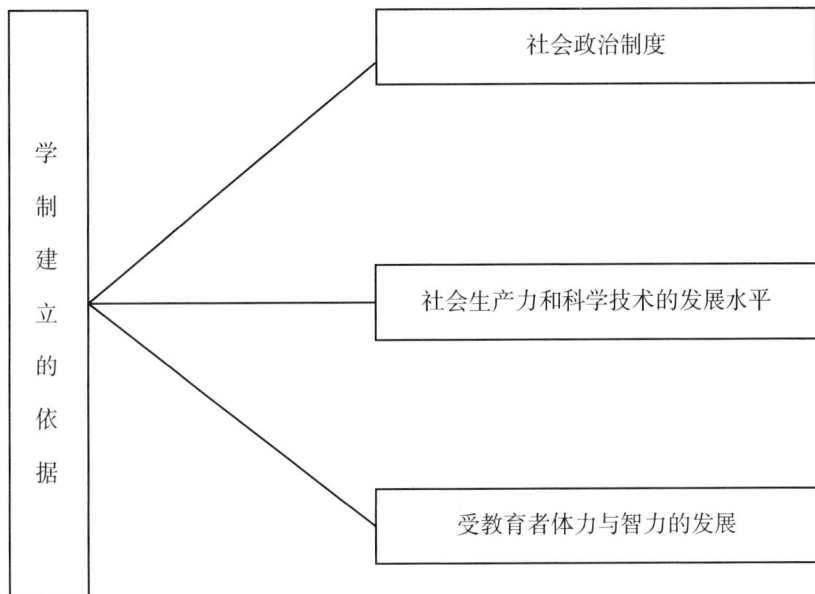

图 5-1 学制建立的依据

(一)社会政治制度

教育目的的阶级导向性和政治导向性决定了学制主要有利于谁、为谁服务。在奴隶社会和封建社会,奴隶主阶级和地主阶级设立的学校都是根据奴隶主阶级、地主阶级的利益和要求设立的,其目的是把他们的子弟培养成为剥削阶级的继承者。封建社会,学校等级森严,封建统治集团内部成员按照社会地位进入不同的学校。这种等级森严的学制完全是封建等级制度的产物,是为维护封建地主阶级的专制统治服务的。资本主义国家的学制之所以保护大量私立学校的存在和发展,是因为这些国家的教育目的中,除了培养合格的公民外,还要求培养资产阶级统治所需要的人才,而这些人才大都出自师资雄厚、收费昂贵的私立学校。能进这些学校的大多是资产阶级的子女。与此相反,在社会主义国家中,各级各类学校的设立是为无产阶级、广大劳动人民服务的,为发展社会生产力,为维护和发展社会主义制度服务。

(二)社会生产力和科学技术的发展水平

在人类社会早期,由于生产力水平低下,学校作为一种教育活动的组织还没有正式形成,教育活动基本上是以父传子、师傅带徒弟的形式进行。进入奴隶社会和封建社会以后,生产力水平有所提高,由此出现了一些早期的学校。但这些初期的教育机构还不能够形成完整的体系,学校间也不存在严格的高等、中等、初等的级别。到了资本主义社会,随着生产力的快速发展,特别是科学技术在生产中的广泛应用,急需拥有各种专门科学知识的技术人才和管理人才,这在客观上推动了教育的发展。至此,在一些欧洲国家,如德国、法国等国,率先形成了贯穿初、中、高等教育的完整体系。

(三)受教育者体力与智力的发展

受教育者的身心发展特征是确定各级各类学校入学年龄、修业年限和各类学校的分段及衔接等问题的主要依据。当前,许多国家围绕如何开发学生智力,更有利于早出人才、多出人才的问题,进行了包括儿童早期教育、各级各类学校入学最佳年龄、修业年限等多方面的探讨。这些问题的研究都必须以学生体力和智力发展的特征为依据,而不能从主观愿望出发,违反受教育者身心发展的客观规律,否则不能保证学制的科学性与可行性。

二、世界各国高等学校学制概况

(一)世界各国高等教育办学体制及其特征

美国学者克拉克在其所著《高等教育系统》中根据世界各国高等教育系统的不同特点,从举办者角度将其概括为以下四种基本类型

（表5-1）。

表5-1 世界各国高等教育办学体制及其特征

世界各国高等教育办学体制	特征
单一公立系统,单一管理部门	在该模式中,所有高校都由政府来举办,并统一接受政府的某一主管部门的垂直领导。系统中各高校间存在的差异很小,基本只有国立大学一种形式
单一公立系统,多重管理部门	在该模式中,高等教育虽然是由一个层次的政府部门管理,却分化为两种或多种类型的机构。这种模式的特征在于所有高校由中央政府举办,但资金却来自政府的不同部门
多重公立系统,多重管理部门	该模式主要出现在实行联邦制的国家,高等教育主要由地方举办,且不同程度上受中央政府的影响。许多发达国家如澳大利亚、加拿大和德国等都属于该模式
私立和公立系统,多重管理部门	这一模式的典型代表是日本和美国。例如,日本高校分国立、公立和私立三种类型,除少数国立大学外,大多是由地方举办的公立高校和由私人举办的私立高校。无论公立还是私立高校,都包含大学和学院等不同的部门。在美国,高等教育被划分为公立和私立两大系统,其公立高校归属各州,两大系统中部门的分布都体现为比较广泛的分类

（二）各国高等学校的层次

各国高等学校的层次主要包括以下几方面（表5-2）。

表5-2 各国高等学校的层次

各国高等学校的层次	具体阐述
初级学院或短期大学	这是一种以承担专门技术人才的培养或职业培训为主的高等学校,修业年限一般为2年左右,学习比中学稍深稍广的普通文化科学知识或职业教育课程,毕业后能适应本地区就业需要或转入本科高年级继续学习。在美国该类学校称社区学院,是地方公立学校系统的重要组成部分
大学和专门学院	这是世界各国高等学校的基本类型,高等教育中最重要的部分。各国的修业年限不尽相同,一般为4~5年,少数为3年或6年。大学毕业授予学士学位,也有授予硕士、博士学位的
研究生院	这是高等教育系统中的最高层次。近年来,为保证本国经济和科技等领域处于世界领先地位,各国纷纷通过大力发展研究生教育来满足国家对高层次人才的需求。研究生教育已成为发达国家高等教育发展的一个重要方向

当前,在发展高等教育的潮流中,为了使更多的人接受高等教育,各国都很重视各种形式的办学途径和方法,除了上述普通高等学校以外,还有各种利用现代化通信设备的远距离教学形式,如广播电视大学、函授大学以及短期旅游学习班。此外,各国也大力发展继续教育的体系。这种教育体系多数为成人业余高等教育形式,以职业、技术教育的提高为主要内容,有国家办的、地方办的,也有企事业、行业、私人办的。近年来,企业办教育甚为盛行。

三、我国高等学校学制结构

目前,我国高等学校学制,从形式结构上看,主要有普通高等学校、职业大学和成人高等学校三类,这部分内容在本书第一章第二节中已经详细阐述,此处不再赘述。

第二节 高等学校的招生制度

一、各国大学的招生制度

从世界范围看,大学招生制度复杂多样,概括起来大致有以下几种形式(图 5-2)。

（一）统一的入学考试形式

统一的入学考试形式是指由国家、地方政府或社会中的考试机构,对整个国家或局部区域的考生进行统一的考试,并把考试成绩作为高校录取学生的基本参照依据的考试方式。统一考试的组织者既可以是国家和地方教育主管部门,也可以是社会中的民间组织。

（二）由高校单独组织入学考试的形式

由高校单独组织入学考试的形式是指由高校自主决定考试方式、自己命题、自主录取新生的考试形式。特别是一些实现了高等教育大众化的国家,为保证部分顶尖大学的学术水平,以体现大众化高等教育中精英教育的特征,允许一些高校依旧采取竞争性的严格选拔的单独考试制度。例如,美国的许多名牌私立大学就自行举办入学考试,对申请入学者进行严格的选拔,只有少数成绩优异的学生才能获得入学资格。

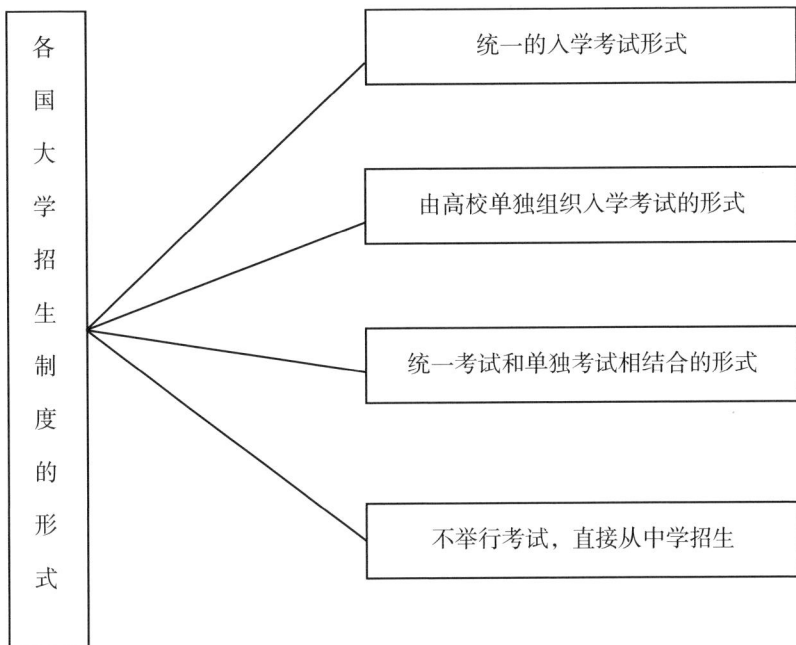

各国大学招生制度的形式

统一的入学考试形式

由高校单独组织入学考试的形式

统一考试和单独考试相结合的形式

不举行考试,直接从中学招生

图 5-2 各国大学招生制度的形式

（三）统一考试和单独考试相结合的形式

统一考试和单独考试相结合的形式是指在相对统一的考试基础之上,高校或高校内部具体教学单位根据自己的价值取向和要求,举办一次笔试或面试,并将二者结合起来评价学生学业水平的考试方式。其目的在于更准确地把握考生的详细情况,避免一考定终身的弊病。实行该形式招生制度的国家主要是日本的国立、公立大学。日本通常由具有独立法人地位的"大学入学考试中心"负责组织、实施全国统一考试,也就是第一次考试,考生的成绩直接由考试机构送达考生所申请入学的大学。大学在收到考生成绩后,接着单独举办第二次考试。与此同时,在许多国家高校的招生制度中也有采取推荐入学的方式,为具有卓越才华和在某一方面有特殊才能的学生提供特殊的机会。

（四）不举行考试，直接从中学招生

近年来有些国家的高等学校，比较重视学生在中学的平时学习成绩，新生入学不必经过大学入学考试，只需持有中学文凭、毕业考试成绩或高中阶段学习的成绩就可录取入学。例如，美国有些州立大学、瑞典大学等就是根据高中成绩，只要是高中 3 年制毕业就具备进入大学的资格。[①]

二、我国的招生考试制度改革

我国的招生制度虽然每年都有一定改进，但仍存在不够完善之处。为了使招生考试制度更有利于促进教育事业的发展和提高人才培养的质量，必须对现行招生考试制度进行逐步改革。

（一）改革高等学校招生体制

实行指令性招生计划和调节性招生计划相结合，把招生工作和毕业生就业有机地结合起来。我国幅员辽阔，经济发展不平衡，不同地区、部门、单位对人才的需求不同。目前，应采取统一招生与定向招生相结合的方式。在高等教育相对发达的地区，一些高校将从某一地区（或单位）招生，毕业后返回原地区（或单位）。这不仅有助于边远地区和困难行业在本地区、本行业培养学生，也有助于加强高校招生规划，把招生与毕业生就业结合起来，使这些学生在学习时有更明确的目标，毕业后有充分的就业准备，可以更愉快地去工作。同时，鉴于国家财政资源有限，不可能对高等教育进行更多投资。为了满足更多年轻人接受高等教育的愿望，增加办学资金，许多高校都招收了一些代培生或自费生，他们的录取分数略低于强制计划，并自行支付培训费。毕业后，学校推荐他们就业，学生也可以自己找工作。然而，由于他们在同一所学校，不同的学费、不同的班级级别，以及许多弊端，给大学的办学带来了极大的困难。为此，国家教委 1994 年在 37 所普通高等学校，实行了招生"并轨"试点，并向其他高校推广。2007 年，为了促进教育发展和教育公平，国家决定在教育部直属师范大学实行师范生免费教育，并建立相应的制度，这是

---

① 宋友荔，饶玲 . 高等教育学 [M]. 南昌：江西高校出版社，2011.

具有深远意义和颇具示范性的举措。

（二）全面考核，择优录取

统考统招，必须认真贯彻全面考核、择优录取的原则。全面考核，指德、智、体几方面都要认真地审查、测定；择优录取，不仅指考试分数上的择优，而且对德、智、体几方面都应有所要求，这样才能鼓励学生全面发展，也才能保证新生质量。对德、智、体几方面表现特别优异的学生，还应当予以优先照顾。

（三）改革考试方法，选拔优秀学生进入大学

好的考试方法，应当是一方面能为高等学校选拔德、智、体全面发展的优秀大学生，保证生源的质量；另一方面能够对中学教育起正确的导向作用，提高中学的教育教学质量。高考制度，在公平竞争方面，由于考试管理制度的严格与严密，无可非议，但若信度和效度不高，就很难准确地选拔出合适的优秀学生。首先，只凭一次性统一考试，很难照顾德、智、体各个方面。其次，除体育、艺术等科类外，缺乏性向、素质的测评，也很难选拔适合于不同专业学习的学生。因此，高考应从以下几方面进行改革。

第一，将会考以及平时表现作为录取新生的重要依据。

第二，考试应做到既考知识，又考能力，反映学生智力的整体水平。

第三，不同科类的考试科目以及各科目的侧重应当有所不同。

第四，除特殊考试科目或科目中的某些部分外，尽可能采用标准化考试，建立高考题库，科学地配置命题。

（四）录取新生，应适当给予高等学校较多的自主权

1987年5月，国家教委颁发的《关于扩大普通高等学校录取新生工作权限的规定及其实施细则》，扩大了高等学校录取新生的自主权，规定了各地招生部门和高等学校各自的权利、职责和义务，初步确立了二者之间的既互相配合又相互制约的关系。随着教育事业的发展和提高教育质量的要求，为了更好地保证高等学校录取新生的质量，进一步扩大高等学校录取新生的自主权仍是必要的。

第三节　高等学校的学位制度

一、国外学位制度的主要概况

随着世界各国对研究生教育在社会发展中作用的认识不断提高,在结合本国教育基本制度的基础上,各国逐步建立和完善了各具特色的学位制度。总体上,各国的学位层次包括学士、硕士和博士三个部分,但个别国家也授予其他学位。

美国比较正式的学位层次通常包括以下几种。

第一,副学士或称协士学位,它通常授予大学内修完大学二年级课程的学生和初级学院、社区学院的毕业生。

第二,学士学位,授予完成大学 4 年课程的大学毕业生。

第三,硕士学位,通常在获得学士学位后再学习 1~2 年,修完规定课程和学分,有时还需完成一篇论文,通过后即可授予硕士学位。

第四,博士学位,包括专业博士学位、哲学博士学位和文科博士学位。哲学博士学位一般是在本科后学习 5~6 年和硕士后 3 年,修完课程和通过综合考试,完成有独创性论文并通过答辩后才能获得。专业博士的教学计划基本参照哲学博士学位的标准,只是培养方向有所不同而已。文科博士修业 4 年,主要培养大学本科教师。

除了以上四种正式学位外,美国在硕士和博士学位间还存在一个中间学位,主要授予完成课程和通过综合考试,但未完成论文或未通过论文答辩的学生。

此外,在取得博士学位后,美国还存在博士后资格,严格来说,博士后不属于学位,它只是指培养高级科研人员的一个更高层次。

英国的学位等级与名称大体分为三级:学士、硕士和博士。学士是英国高等学校的初级学位,也称第一学位,授予 3 年制本科大学毕业生或专业学院的本科毕业生。硕士一般授予取得学士学位后继续深造 1~2 年的学生。博士是最高学位,一般授予已经获得学士和硕士学位后继续修完博士课程并通过学位论文答辩的研究生。此外,在英国还设有高级博士学位,专门授予那些在各个学科领域中被公认为学术上有突出贡献的人以及那些在学术上享有盛名并曾发表过著作的知名人士。

德国大学一般只有一个高级学位——博士学位。其大学本科教育和硕士研究生的培养,实际上是合并进行的。德国正规大学本科毕业生即被认为达到了相当于美国硕士生的水平,大学本科毕业证书即相当于美国的硕士学位,但不称硕士。大学毕业生攻读博士学位,一般修业年限为3~6年,经过国家考试,提交一篇高水平的学术论文并通过论文答辩者,即被国家授予博士学位。近年来,对于人文科学、社会科学和教育几个领域,达到博士学位要求,但尚未提交论文的人,也被授予硕士学位。

法国的学位等级是学士、硕士和博士,但与英美等国不完全相同。法国的学士学位是授予中学毕业生的。综合大学教育分三个阶段,第一阶段不授学位,第二阶段学习合格者授学士或硕士学位,第三阶段才授予专门博士或工程博士学位。此外,还设有国家博士学位,是法国最高学位,授予从事高水平、有特色的科学研究专家。获得这一学位者,表明其具有很高的学术地位和专业上的特色。

综上所述,世界各国的学位名称和等级不同,而且水平也不完全一样,所代表的意义也有区别。

二、我国的学位制度

(一)我国学位的级别和标准

我国学位的级别分学士、硕士和博士三级,其学术标准如下。

1. 学士学位的学术标准

第一,掌握本学科的基本理论、专业知识和基本技能。
第二,具有初步从事科学研究或承担专业技术工作的能力。

2. 硕士学位的学术标准

第一,掌握扎实的学科基础理论知识。
第二,具有从事科学研究或独立承担专业技术工作的能力。

3.博士学位的学术标准

第一,掌握本学科扎实而广泛的基础理论和系统而深入的专业知识。

第二,具有独立从事科学研究的能力。

第三,在科学或专业技术方面取得创造性成果。

(二)我国学位制度的发展和改革方向

我国学位制度对于促进高等教育质量和科学水平的提高、选拔和使用人才、激励人们勇攀科学高峰、开展中外学术交流等方面发挥了重要的作用,但也有一些亟待重视和改革的问题,主要表现为以下几方面。

第一,目前我国研究生教育的学科、专业结构与经济、科技和社会的发展需求不相协调。

第二,硕士、博士学位的授权学科、专业存在口径偏窄,基础学科和传统学科的比例过大,而新兴学科、交叉学科和应用学科所占比重过小。

第三,研究生学位以学术性学位为主,有重学轻术之嫌,社会所迫切需要的应用性专业学位还明显不足。

第四,学位管理中评估制度不够健全,国家的宏观调控作用远未能得以发挥,学位授予点只增不减,没有从评估的角度进行适当的控制和调整。

第五,研究生学位的授权学科、专业点和博士生导师的评审权过于集中。

第六,研究生教育的入学条件和修业年限等缺乏灵活性和一定的弹性。

以上种种问题,都需要从理论和实践的角度加以探索。原国家教委就今后一段时期我国研究生教育的改革提出过"立足国内、适度发展、优化结构、相对集中、推进改革、提高质量"的二十四字方针,它揭示了我国学位制度改革的方向。[①]

---

① 虞国庆,漆权.高等教育学 [M].南昌:江西高校出版社,2008.

第四节　高等学校的毕业生就业指导制度

一、我国高校毕业生就业制度的历史发展

我国高校毕业生就业制度的演变过程大致经历了两个主要阶段，即计划经济体制阶段和市场经济体制阶段。在不同阶段，毕业生就业的制度有所不同，是不断改革发展的过程，每个阶段都与其时代特征相适应，并曾发挥了重要的作用。

在计划分配体制下，我国大学生就业实行的是"统包统分""包当干部"的制度。高等学校的学生入学后的培养费用由国家承担，毕业后国家以指令性计划的形式分配到全民所有制单位当国家干部，这个时期的毕业生就业基本上无指导可言。这种就业制度与当时我国高度集中的计划经济模式相适应。但是随着我国社会经济和社会生活的不断变化，"统包统分"的毕业生就业制度日益与我国新的政治经济和文化体制逐渐变得不相适应，其弊端主要包括以下几方面。

第一，人力资源很难实现合理有效配置。

第二，不利于调动学生学习的积极性和高校办学的积极性。

第三，不适应多种所有制经济共同发展的需要。

从 1993 年起，我国开始对高校毕业生完全由国家计划分配的就业制度进行改革，强调大多数毕业生将在国家的政策方针的指导下，通过人才劳务市场，实现自主择业。整个改革过程分为以下两个步骤。

第一步骤是在 1993—1997 年。在这期间，国家任务计划招收的毕业生，原则上仍由国家负责安排就业，但尽量采取由供需双方协商落实就业计划的方式，即在一定范围内采取双向选择办法，定向和委培生按合同分配，自费生自主择业。

第二步骤指 1997 年以后。由于高校招生制度实行全面并轨，因此，自 1997 年开始，所有收费生的毕业分配全部实行自主择业。国家成立"全国高等学校毕业生就业指导中心"，在各高校设立就业指导、咨询和

服务机构,为高校毕业生就业提供全面的指导和服务。与此同时,为保证国家重点建设发展需要以及一些特殊行业对人才的需求,对部分高校的部分学科、专业依旧采取国家承担培养费用,由政府统一负责安排就业的模式。

目前的毕业生就业制度完全打破了传统的计划就业模式,其整体框架是少数毕业生由国家安排就业,多数由学生自主择业。就其内部的运作机制来讲,以毕业生就业市场作为基础性的资源配置方式,同时,又适当地利用计划的手段来作为补充。这种制度要求在"双向选择,自主择业"的条件下,采用以国家方针政策为指导,以学校为主导,把竞争机制引入高等教育。这种就业制度是社会主义市场经济体制的必然要求。有利于调动广大学生的学习积极性,有利于增强高等学校主动适应市场经济和社会发展需要的办学活力,有利于在社会上形成尊重知识、尊重人才的良好社会风尚。

二、我国高校毕业生就业制度的改革方向

我国高校毕业生就业制度的改革方向主要包括以下几方面(图5-3)。

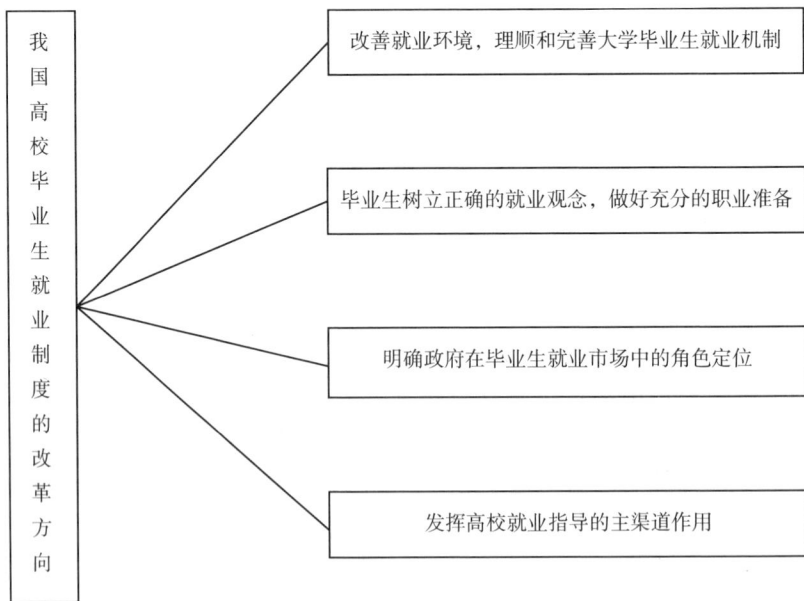

改善就业环境,理顺和完善大学毕业生就业机制

毕业生树立正确的就业观念,做好充分的职业准备

明确政府在毕业生就业市场中的角色定位

发挥高校就业指导的主渠道作用

图5-3 我国高校毕业生就业制度的改革方向

（一）改善就业环境,理顺和完善大学毕业生就业机制

2000 年 6 月,中共中央下发了《深化干部人事制度改革纲要》,中组部和人事部联合下发了《关于加快推进事业单位人事制度改革的意见》,这两个文件的制定和实施有助于建立新型的与社会主义市场经济体制相配套的人才资源开发体制,以及职务能上能下、人员能进能出,待遇能升能降,有效激励、竞争择优、充满活力的用人机制,有助于毕业生走向市场,实现就业。

（二）毕业生树立正确的就业观念,做好充分的职业准备

自主择业无疑将为毕业生提供一个自主选择的机会,从而在一定程度上满足他们的愿望,充分发挥他们的能力。然而,个人愿望与现实之间存在着一定的距离。市场只能为每个人提供公平的机会,但不可能每个人都达到预期的结果。此外,市场竞争的特点要求每个员工都要有良好的心理素质和就业创业的理念。因此,毕业生在进入职场之前,不仅要有充分的思想、心理和专业准备,还要注意从各个方面提高自己,提高自己的市场竞争力。

（三）明确政府在毕业生就业市场中的角色定位

毕业生作为就业市场的主体,其就业行为的自主性决定了政府不再能够在计划体制下通过行政手段和思想动员继续控制毕业生的就业行为。然而,市场的随机性和盲目性要求政府对市场运行进行适当的干预,以确保政府目标的实现。政府在毕业生就业市场中的作用是宏观调控、市场引导、人才需求规划师、信息服务和咨询者。

作为一种宏观调控的作用,政府应该采取更多的经济手段来引导毕业生的择业行为,如对偏远困难地区的毕业生给予优惠政策和优惠待遇;作为引导,政府应充分利用法律手段来规范和引导市场行为;作为人才需求规划的角色,政府应根据国家产业结构和就业结构预测和分析未来社会所需人才的宏观结构,高校应根据国家预测分析和培养社会所需人才;作为信息服务和咨询机构,政府应及时向就业市场各方提供最新的市场趋势和未来的市场趋势。

总之,为了保证市场的平稳有序运行,政府必须在弱化行政管理作用的同时,发挥更适当的协调、引导和服务提供者的作用,参与就业市

场活动。

（四）发挥高校就业指导的主渠道作用

面对高校毕业生就业制度的改革,高校应发挥就业指导的主渠道作用。

第一,从高校人才的培养和适应社会需求的角度来讲,高校应合理设置专业,培养适应社会需要的人才;强化职业技能培养,提高学生综合素质;帮助学生转变就业观念,使其树立正确的择业观。

第二,高校应积极采取相应措施,使其在就业指导中的主渠道作用得到更大限度地发挥。高等学校就业指导机构是学校与用人单位之间的相互交流信息的"窗口",它将收集到的各种用人信息加以整理、归纳与分析,将符合当年就业政策的用人单位的有关用人信息及时地传递给毕业生,使毕业生顺利就业。高校就业指导部门应加强毕业生就业指导教育工作,把就业指导教育纳入培养方案中。

第三,建立各校自己的就业信息网,加强就业信息的收集和发布,为毕业生就业创造更好的条件。

第六章

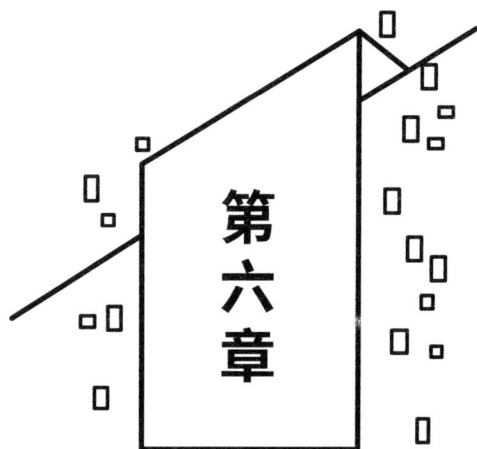

大众化发展阶段高等教育人才培养分析

国家和地区的发展水平与国民素质的高低、人才数量的多少、人才质量的高低有着密切的联系。人才培养的实践活动对和谐社会的构建起着推动作用，从这个层面上看，人才培养不仅是要每个人都享受受教育的平等机会，还要与和谐社会的建设相呼应。经过多年努力，我国高等教育事业蓬勃发展，取得了显著的成就。我国在高等教育事业发展中获得的成就也深刻体现在高等教育人才培养的过程中。本章即对大众化发展阶段高等教育人才培养的相关内容进行简要研究。

第一节　高等教育人才培养概述

一、人才培养的概念

高等教育发展核心就是提高教育质量。高校要积极应对科学技术进步、经济社会发展以及高校教育改革所带来的新问题和一系列挑战，增强改革的使命感和责任感，不断提高人才培养质量，不断深化人才培养的模式改革。人才的培养是高校的主要任务，人才培养涉及以下几个方面的问题。

第一，人才培养目标理念的提出与确立。

第二，人才培养对象的确定。

第三，人才培养目标的确立。

第四，开发人才培养的主体。

第五，人才培养的途径和方法。

第六，优化人才培养过程。

第七，人才培养制度的确立。

人才培养包括理念、对象、主体、目标、途径、制度与模式等要素，是一个非常复杂的系统性工程。要回答"为谁培养人才""人才应该具备什么样的素质""人才培养应该采用何种方法"等问题，首先需要认识和理解高等教育的本质特征、职能任务、目标价值、活动原则等关键内涵。培养新时代需要的人才是我国高等教育人才培养理念的具体内涵，也是新时代对高校人才培养提出的总体要求。

人才培养是一个不断变化与升级的概念，人才需要顺应时代的发展，借助时代的特点与优势发挥出个人最大的人生价值；人才培养也需要跟上时代进步的步伐，结合时代与环境的特点，以不断创新的理念，揭示人才培养的内在规律、价值追求与终极理念，描绘理想状态下人才培养模式的系统构想，确立人才培养的程序与环节，指导人才培养的实践活动，培养出适应时代发展的人才。

二、高等教育人才培养的要素

（一）高等教育人才培养的内部因素

高等教育人才培养的内部要素主要包括以下几方面（表6-1）。

表6-1　高等教育人才培养的内部要素

高等教育人才培养的内部要素	具体阐述
高校中的教师	高校中的教育者是高校人才培养的重要主体，是最直接的教育者，在教育活动中发挥主导作用。广义的教育者包括教师、教育计划者、教科书的设计者和编写者、教育管理人员及参与教育活动的其他相关人员；狭义的教育者就是指教师。教师作为知识的传授者和传播者，其文化水平和个人素养的高低直接影响着高校人才培养工作的进行
高校中的学生	高校中的学生是指接受教师的教导并帮助传播和实行的教学对象，是人才培养的主体。人才培养的最终目的是培养高质量的人才，而高校人才培养的对象就是高校中接受教育的学生。在高校中，学生是有着发展潜力的独特个体，学生的地位和身份都非常特殊。第一，作为受教育者和质量需求的主体，学生对高校的教育水平和教育质量有着较高的期望和需求。第二，学生在高校中掌握的知识和能力体现了高校的教学质量和水平，并且学生在一个阶段所掌握的学习技巧是他们继续学习的重要动力。身份和地位的特殊决定了学生在人才培养工作中的重要作用，他们也是影响高校人才培养的重要因素。因此，高校人才培养质量的提升有待于学生充分发挥在整个教育过程和环境中的作用
高校中的管理者	高校管理者的主要任务有制定培养目标和方针、确定学科发展方向、确立人才培养的标准。高校的管理者在高校中占据重要地位，影响着高校教育质量的提高包括人才培养的质量
高校中的物质和精神条件	教学活动的开展有着一定的物质要求：教育物资是一个明显的分水岭，如果教育物资处于基准线以下，那么教育活动能否顺利、有效开展就取决于教育物质，此时教育物质起到的是雪中送炭的效果。反之，如果教育物资处于基准线之上，那么教育物资就变成有利于教育质量的提高的重要条件，此时教育物质起到的是锦上添花的效果。就精神方面而言，精神环境的构建对人才培养的作用不容忽视，如果一座高校具备良好的、积极向上的教风和学风，就会对在高校中生活和成长的受教育者产生积极的影响。这些基本条件在整体上影响着高校的人才培养系统，是高校人才培养的关键因素

（二）高等教育人才培养的外部因素

高等教育人才培养的外部因素主要包括以下几方面（表6-2）。

表6-2 高等教育人才培养的外部因素

高等教育人才培养的外部因素	具体阐述
高校	学校可以当作人才培养的外部环境,在这一大环境下,学校的发展理念、发展模式、办学思想经过一定的演变,在人才培养的实践中逐渐成熟。一所高校的自身定位、发展规划和办学思路都影响着高校自身的发展壮大。学校的发展进程中充分展现了人才培养的规格、模式、实现的效果等。人才培养是一个持续发展的实践活动,人们从幼儿园起就开始入学接受教育。虽然我国对九年义务教育制定了统一的标准和规格,然而每所高校都有着与众不同的办学特色。除此之外,学生在进入高校之前有着不同的教育背景,这在一定程度上也会影响受教育者在校的学习方式和教育内容
家庭	家庭对人才培养的影响是一个潜移默化的过程。家庭环境对学生在高校中接受教育、形成新的观念产生了很大的影响。这也就意味着,高校是在学生形成固定的人生观念的前提下进行的再教育。因此,不能忽视家庭在人才培养中的作用
社会	社会是由众多个体汇集而成的有组织、有规则、有纪律、相互合作的群体。社会因素和家庭因素属于同一类型的影响因素,即广义的家庭因素。人具有社会性,每个人都是生活在这个社会中的,不能脱离社会而独立存在,每个人都要与他人进行交流和沟通,接受来自不同的人、组织以及团体的信息和影响

三、高等教育人才培养的基本要求

在知识经济全球化和信息化的环境中,在社会发展的新要求下,人才培养面临着新的任务和挑战,仍然存在着许多有待解决的问题。在这种氛围下,高校必须统一思想,坚定不移地向着素质教育的方向迈进。总体来说,和谐社会背景下对人才培养的基本要求应突出表现在以下几个层面（图6-1）。

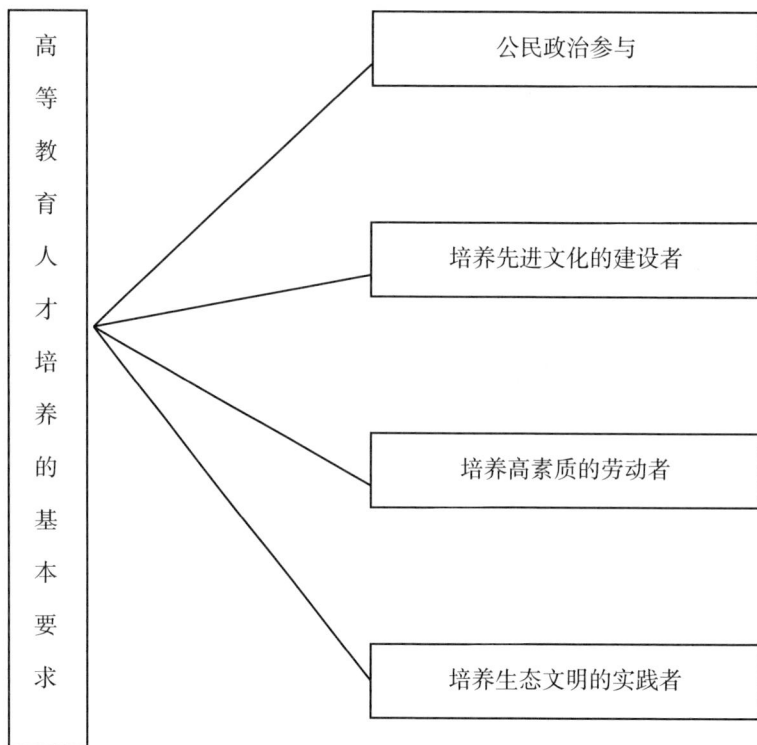

图 6-1 高等教育人才培养的基本要求

（一）公民政治参与

公民政治参与，又可称为公众政治参与、公共政治参与，就是公民试图影响公共政策和公共生活的一切活动。公民参与政治不仅是社会主义政治与和谐社会的重要途径，也是衡量社会主义政治文明及社会和谐的主要标志。[①] 要不断地探索和发展出政治参与的新途径和新形式，扩大政治参与的主体范围，遵守法制，实现公民政治参与的广泛性、合理性、有效性和程序性。在民主与法治社会，要遵照相关的法律法规有序参与政治，不能跨越现有的社会条件，要从实际出发，与公民的实际相符合，可以从两方面进行。

---

① 班秀萍，叶云龙.全面质量管理与高校人才培养[M].长春：东北师范大学出版社，2017.

1. 有效的制度供给

这是公民参与政治的有效途径。

第一,建立并健全各种政治制度,使公民政治参与的实施规范化,不再停留于表面。

第二,不断扩大公民参与政治的途径。这就要求我们不断巩固和完善我国的根本政治制度,推进我国政治制度建立的具体化和程序化。

第三,更新公民参与政治的形式和方法。要做到与时俱进,不断关注最新动态,学习新的参与形式和参与方法。与此同时,也要主动学习,发现和开创新的方式和方法。

2. 不断壮大的政治参与群体

在扩大政治参与主体的过程中,迫切需要解决两个问题。

一是公民不关注政治,更不愿意主动参与政治。

二是公民不懂得如何参与政治,不了解参与政治的方法和途径。

这两大问题的顺利解决,有赖于推动政治的社会化。因此,应做到以下几方面。

第一,要进行政治教育,通过普及政治方面的知识,培养公民的政治参与意识,提升他们的参政能力。

第二,要不断提高公民的文化素养。没有较高的文化素养做支撑,公民就不能准确理解现有的政治理念,难以培养公民的政治意识。

第三,要增加实践的机会,让公民在政治参与的实践中提高自己的能力和水平,学习政治文化,积累丰富的政治经验。

(二)培养先进文化的建设者

先进文化是先进生产力的一部分,指的是以马克思主义为指导,以培养有理想、有道德、有文化、有纪律的"四有"公民为目标,培养面向现代化、面向世界、面向未来的具有中国特色社会主义的文化。它对生产力和人类社会的发展都有着影响作用。文艺复兴运动作为社会变革的先声,就反映了生产力发展的客观要求。中国共产党的成立就是从五四运动开始的。马克思主义本身就代表了先进的文化,反映了先进的生产力。在新时期,先进文化的提倡对人才培养提出了新的发展要求(表6-3)。

表 6-3　先进文化的提倡对人才培养提出的新要求

新要求	具体阐述
体现人的发展追求	重新审视过去的文化建设,要从实际情况出发,针对人才培养的客观规律,关注人的最高追求,在建设社会主义和谐社会的过程中,建构先进文化要使文化的主旋律深入人心
关注德行素养	培养社会主义事业的建设者和接班人也是人才培养的一个目标。人才培养应始终围绕"以人为本"的理念,明确培养的目标,重点关注先进文化的建设,突显先进文化在人才培养过程中的有效性。和谐社会先进文化的建设具体到个人,就是培养出内心健康向上、自我完善的人才。我们应从这一实际出发,积极开展各项文化活动,在文化建构的实践中不断融入德育修养的概念,不断丰富自己的内心世界,培育乐观向上的健康品质,增强个体的德育修养能力
创建人文环境	人才培养的客观实际对环境也提出了相应的要求,如充满民族文化传统气息和时代气息、弥漫艺术魅力、具有极强的吸引力等。不同的地方都有着不同的文化特征和历史背景,所学专业的知识、所处的环境也存在着差异。因此,亟须营造极具特色的文化氛围。在这样的环境中,既要加强理想信念教育,也要为社会主义的建设培养接班人。信息全球化对政治、经济和社会发展提出了新要求,也给人才培养带来了新的挑战。我国的教育事业要根据这个现实,以全面提高国民素质为目标稳固前行

（三）培养高素质的劳动者

　　劳动者能够激发劳动资料和劳动对象的能量。迄今为止,人类社会的物质文明和精神文明都是由劳动者创造的。目前,我国的经济正处于快速发展的阶段。人才培养的重要问题之一就是如何在社会经济环境下培养出高素质的劳动者。对于教育而言,和谐社会培养的对象是人才,高校教育工作就是为了教育和改变人,最终目的是推动生产力的发展。和谐社会中的人才培养目的之一就是培养劳动者的思想观念、行为规范、道德情操等,最终的目的是将精神力量转化为物质财富。精神层面的生产力具有不可估量的价值,在同等条件下,劳动者的精神力量所发挥的作用是巨大的。教育对劳动者的作用是多层次的,各层次的作用既有区别又有联系,最终才能促进生产力的发展。

　　第一,有助于培养劳动者健康的人生观与科学的世界观。人生观决定着人们实践活动的目标、人生道路的方向,它是人们在实践中形成的,关于人生目的和意义的根本看法。世界观具有实践性,人的世界观是不断更新、不断完善、不断优化的。在改造客观世界之前要先改造自己的世界观,劳动者首先要树立正确的理想信念、人生观和世界观,并产生生产劳动的愿望和动机,才能将这些想法付诸行动。

第二,能够激励劳动者。通过人才培养,可以培养劳动者的良好学习习惯、积极的工作态度以及高尚的职业道德。这要求劳动者做到任劳任怨、团结协作、爱岗敬业、遵纪守法、勤勤恳恳、诚实守信。在学习时,谦虚好学、积极进取、持之以恒、踏实刻苦,力争取得好成绩。在劳动时,勤奋努力,不断进取。

第三,有助于劳动者使用正确的思维和工作方法。劳动者一旦掌握了恰当的思维方法和工作方法,操作能力就能得到提升,产品质量和产量随之提升,产品效益也得到提升。

(四)培养生态文明的实践者

生态文明是一种以人与自然、人与人、人与社会和谐共生、良性循环、全面发展、持续繁荣为基本宗旨的社会形态,是人类遵循人、自然、社会和谐发展的客观规律而取得的物质与精神成果的总和。人类与自然间的和谐关系是一个永恒的话题,"天人合一"是中国思想发展史上的基本理念。人类认识能力及实践能力的变迁,使人与自然的关系经历了一定的历史阶段。工业文明的到来给人们带来了财富的同时,也带来了许多挑战和困难。如今的人们应该从全新的角度重新理解"天人合一"的理念,尊重大自然的客观发展规律,谋求人与自然的和谐共处。

自然环境是人类赖以生存的家园,它是生物的空间中可以直接、间接影响到生物生存、生产的一切自然形成的物质、能量的总和。自然环境中的物质种类有很多,包括空气、水、土壤、岩石矿物、太阳辐射、其他物种等,这些都是生物得以生存的物质基础。自然环境能为人类的衣食住行提供基本的能源。然而,在经济快速发展的今天,人类的生产和活动造成的环境破坏已经影响到社会的有序发展。气体污染、水污染、臭氧层破坏、资源锐减、森林砍伐、人口增长、水土流失、土地荒漠化、物种减少等一系列问题促使人们不得不对自己的行为后果负责,开始反思。"可持续发展"理念的提出很快得到人们的认可,事实证明它是人类未来发展的最佳选择。

构建和谐社会生态文明的要求呼吁人们的积极参与,并成为生态文明发展的维护者和实践者。作为和谐社会生态文明的支持者,我们不仅要关注社会、自己和他人,也要自觉关注大自然。

因为关注大自然就是关注我们自己的生活环境,关注我们自己的家园。只有每个人从自身出发,从点滴做起,才能促进可持续发展目标的实现。在建设社会主义和谐社会的过程中,生态文明的实践者要关注时代的发展,适应社会的发展变化,把重心放在习惯的养成、创新务实、传承文明上,并注重将所学的理论知识与实际联系起来,以便更好地服务社会。

四、高等教育人才培养存在的问题

高等教育在人才培养方面还存在着一些问题,概括来说,这些问题主要包括以下几方面(图 6-2)。

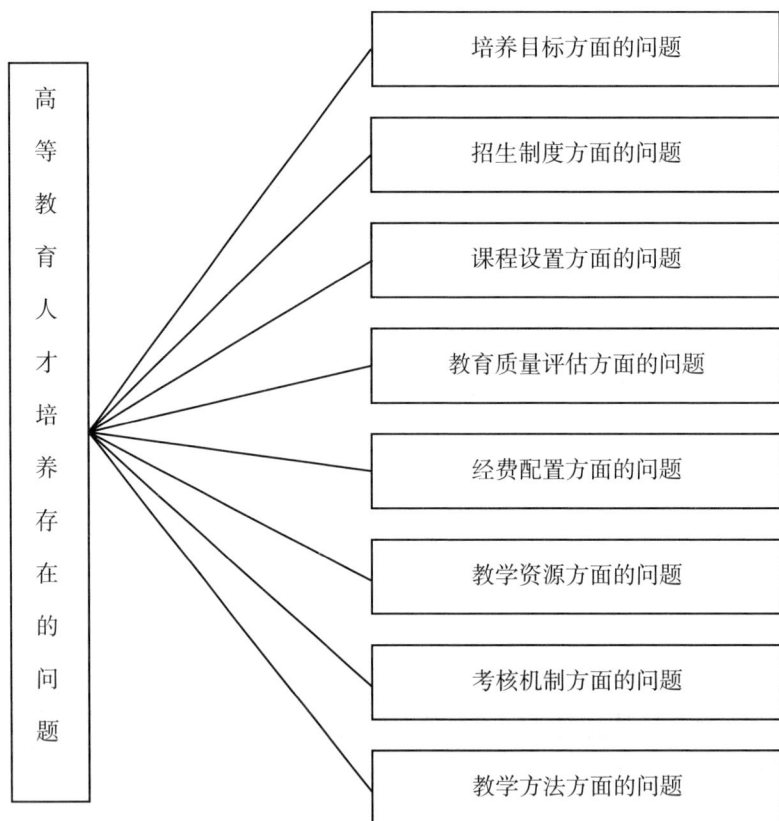

图 6-2　高等教育人才培养存在的问题

（一）培养目标方面的问题

各高校在制订学科培养目标时，经常会出现以下一些问题（图6-3）。

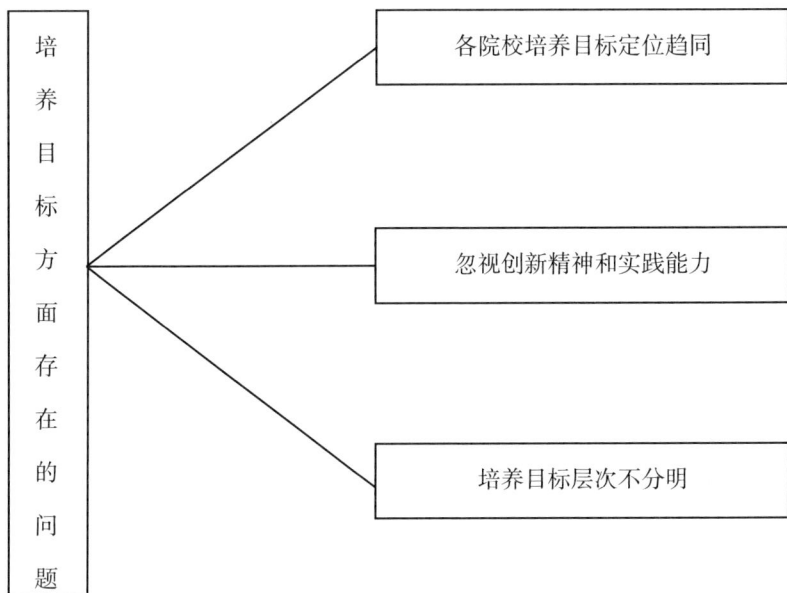

图6-3 培养目标方面存在的问题

1.各院校培养目标定位趋同

我国高校人才培养目标定位趋同，缺乏个性化，不同层次的高校趋向于培养同一类型的人才，这就导致了不同高校培养目标的区别很模糊，高等教育结构体系遭受扭曲，就会使精英教育过度发展而违背高等教育大众化的初衷。

2.忽视创新精神和实践能力

高校在对人才培养提出高标准的同时，忽视了创新精神和实践能力的培养，主要表现为培养目标过于强调理论知识，不重视实践能力。培养目标的倾向性过于严重可能导致在人才培养过程中一些问题的出现，例如，在课程教学中采取更为有效率的集中授课方式，而不是采取更有利于学生独立思考能力和创造性思维能力培养的小组讨论等方式。研究生的培养目标过于强调学术能力,使得学生花很多时间在导师的科研任务上,而社会实践机会比较少。与此同时,高层次的管理人才的定位早已不再局限于研究型人才,而是复合型、应用型人才。例如,许多企业需要具有专业知识与经验较强的应用型人才,政府也需要掌握行政管理、经济理论和公共服务管理等领域知识的复合型人才。现有的人才培养目标处于一种相对单一的状态,使人才在就业市场上更多地作为一种高学历的符号和象征,而不是实质性的人才资源。

3.培养目标层次不分明

我国本科生和研究生的培养目标定位层次不分明,以至于不同人才培养阶段课程设置和教学模式趋于雷同,本、硕、博人才的各自优势无法显现出来。例如,硕士研究生与本科课程内容相似,起点低、内容浅,以至于培养出来的硕士研究生普遍存在学术能力低、实践能力差的现象,既缺乏继续深造的学术基础,又不具备核心的就业竞争力。而且,国内研究型大学提倡的学术型研究生和应用型研究生两种研究生培养模式雷同,造成了学术人才和应用人才不能物尽其用,影响了各自优势及潜能的良好发挥。

(二)招生制度方面的问题

招生制度方面存在的问题主要包括以下几方面(图6-4)。

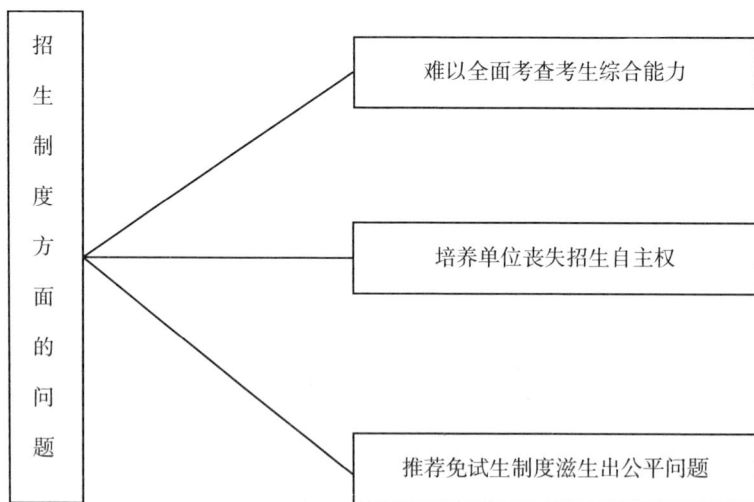

图6-4　招生制度方面的问题

1. 难以全面考查考生综合能力

我国考试的选拔方式难以准确全面地衡量考生的综合素质,如思想品德、研究兴趣、人格特征等非智力因素无法通过考试体现,并且统一考试的内容基本上是考查考生对基础知识和系统专门知识的掌握,而不重视对考生社会实践能力、科学研究能力等方面的考察。把会考试和有能力挂钩,容易使具有发展潜力但缺乏考试技巧的优秀者被淘汰。复试虽然在一定程度上能考查考生的综合素质,但由于在整个选拔过程中权重过低,在结果改变上也无能为力。有部分招生单位甚至为了降低招生工作量,使复试程序简单化,形式主义泛滥,使复试彻底失去了"二次遴选"的作用,无法从入围的考生中选拔出更为优秀的、具有创造力的高层次人才。

2. 培养单位丧失招生自主权

实行全国统一考试难以体现招生单位的个性化特色。例如,对于许多高水平研究型大学来说,国家统一命题考试为主的招生方式在一定程度上使其招生质量下降,接近全国平均水平,导致其生源质量下降。我国高校从招生计划的审批到报考条件、考试时间、考试科目、录取分数线的划定等,都由教育行政部门直接管理,除了一些985高校有自主划线的权力外,大多数学校的研究生招生制度还处于政府高度集中管理的模式,一个突出的表现就是硕士研究生的招生录取分数线不能低于国家线。

3. 推荐免试生制度滋生出公平问题

我国硕士研究生的推荐免试生制度意味着统一考试这种相对来说更为公平的竞争机会将减少。近年来,高校增加了推免试生的录取比例,例如,某校管理学院2013—2014年度的推荐免试生的招生名额中,各专业的推免生名额占到硕士研究生招生的绝大部分,有的甚至超过了半数以上,这表明仅留有少量的名额招收参加全国统一考试的考生。

（三）课程设置方面的问题

随着经济全球化的趋势日益明显,知识经济和建设创新型国家对高校人才培养提出了更高的要求,高校各专业的课程设置必须与时俱进、积极调整。目前,各高校在课程设置方面存在的问题主要包括以下几方面(图 6-5)。

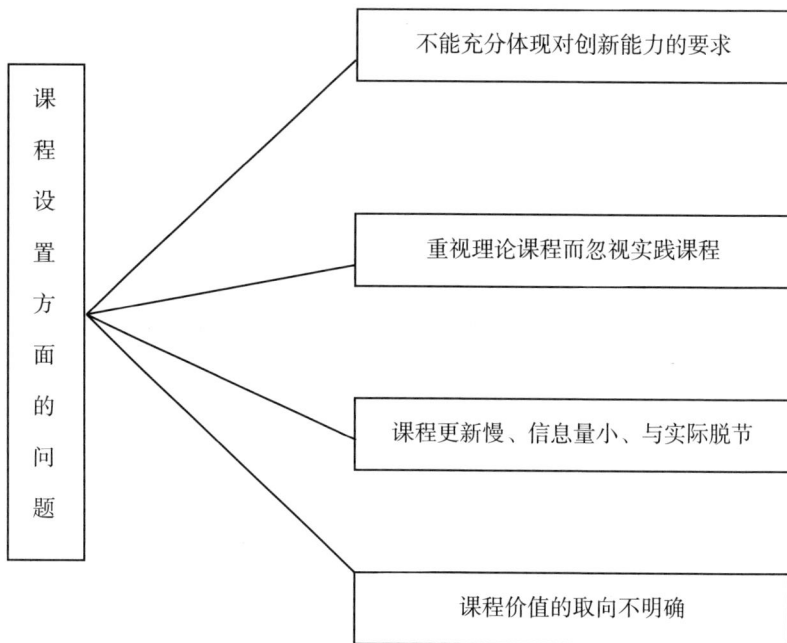

图 6-5 课程设置方面的问题

1. 不能充分体现对创新能力的要求

虽然许多高校开始重视课程设置的多样化,开始加入一些具有特色、旨在培养学生兴趣的选修课,但加入的选修课仍然存在跨专业性不强的问题,很难满足培养学生创新能力和提高学生综合素质能力的要求。各专业的课程设置应特别注重对学生综合能力的培养,如领导能力、沟通能力、团队协作能力、环境适应能力、创新能力等。[①]创新精神作为综合素质教育中最重要的一部分,在我国高校专业课程设置中并未得到充分体现,多数课程设置只重视基础知识,而缺少人文知识、实践知识和跨专业知识,这不仅会降低学生学习的积极性,也会影响学生综合素质的提高。

---

① 吕一林,韩笑,国内外商学院课程结构与设置的比较研究[J].中国大学教学,2007(1).

2. 重视理论课程而忽视实践课程

目前,我国高校专业课程设置主要以理论课程为主,而以实践为目标的课程不足。实践课程是考查学生理论知识消化效果,巩固学生理解知识和提升实践应用能力的有效方法。但多数高校实践环节设置不成系统,安排零散。由于许多学校对学生有发表论文的要求,更使得学生在理论知识上付出的努力要远远多于实践。如果没有针对性的实践课程对知识进行梳理和检验,将使学生对所学知识理解不到位,甚至出现刚学就忘的现象。学生理论知识学得不扎实,实践能力未能得到有效锻炼,使其在毕业时很难找到满意的工作岗位,即便勉强进入理想企业,学生也可能很难在工作岗位上得心应手。

3. 课程更新慢、信息量小、与实际脱节

我国高校专业的课程内容存在长时间固定不变,教材内容陈旧,信息量小,与实际工作严重脱节等问题。课程内容的更新成为影响专业发展的重要瓶颈。高等教育人才不仅要有较强的适应能力,还应有适应知识经济社会和建设创新型国家的创新能力,因此,课程设置的更新显得尤为重要。

4. 课程价值的取向不明确

目前,我国高等教育课程体系的价值取向存在两种类型。

第一,学科知识本身。这种课程强调知识的系统性和完整性,往往忽视了学生的个性特征与实际情况,并对学生个体终身发展、全面发展和兴趣漠视。同时,专业技术能力与专业课程实施之间存在的张力较大,未能根据学生素养与能力形成清晰的逻辑,以开展更多的实习、实训与实验活动。此外,课程评价未能与普通教育区别开来,没有形成自己的特殊性,并且十分强调学生掌握科学知识的程度,对学生掌握能力这一硬性要求却忽视了。

第二,将能力作为中心。在国外这种价值取向的课程体系已经得到成功应用,但在国内还处于概念层次,这是经济、文化、政治、国情差异等多方因素共同作用的结果。高等教育的学科式课程体系不论是在结构上,还是在内容上都具备显著的压缩性与简约化,也并未将解决实际问题作为理论教学的标准;作为课程开发的主体,在课程开发的过

程中,高校并未与企业和政府进行深入交流与沟通,由此导致课程的开发、实施等都未将实践性与合作性体现出来;课程的内容没有将企业的实际生产需求纳入考虑,也没有体现工作岗位与任务这个载体,更没对工作与知识进行良好的整合。

(四)教育质量评估方面的问题

教育质量评估方面的问题主要包括以下几方面(图 6-6)。

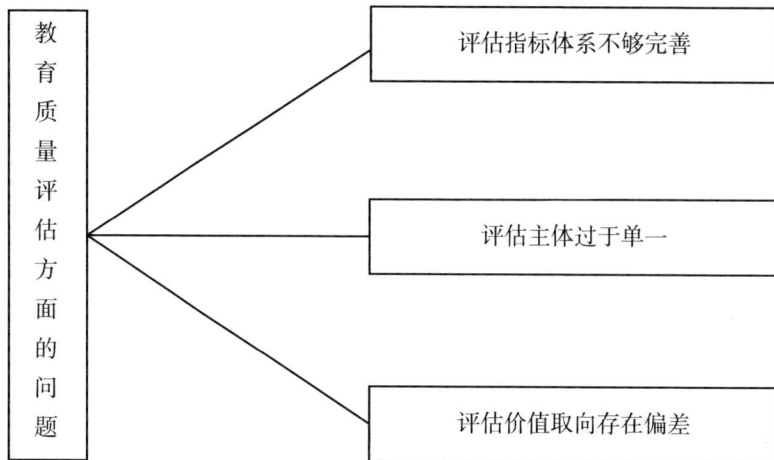

图 6-6 教育质量评估方面的问题

1.评估指标体系不够完善

教育质量评估是评估指标体系制定、评估信息收集与统计、评估结果处理三者相结合的过程,是规范我国教育发展、保证人才培养质量的一项重要措施。然而,我国教育质量评估指标体系的构建仍然存在一些不完善的地方。

第一,目前我国的教育质量评估指标体系大多是一种理论模型,测度指标基本上是国外教育评估体系的简单演化,与我国现实国情下高校教育的具体规范、制度和措施存在一定的差距。

第二,指标体系共性多、个性少,并且过于繁杂,有些指标则没有真正把握评估对象的本质属性。

第三,教育质量评估指标体系缺乏实际数据的支持,尚未有效运用实际数据对评估体系进行可靠性检验,致使教育质量评估无法达到一般的信度和效度要求,造成评估质量大打折扣。

2. 评估主体过于单一

由于我国高等教育长期受到中央集权体制的影响,高校教育质量评估也主要是以单一的政府部门为主体的评估体系,而社会团体、高校自身作为评估主体的重要组成部分,并未真正成为我国高校教育质量评估体系的主体之一。单一的政府为主体的评估体系带有浓厚的行政色彩,这也容易造成一些不良后果,

第一,会导致被评高校总处于被动应付局面,缺乏积极性和主动性,形式主义、弄虚作假的现象严重。

第二,缺乏外部监督和其他评估主体的制约性评价,造成评估过程中垄断性和随意性比较强烈。

第三,无法满足社会多元化利益主体的需要,政府评估总处于一种封闭状态,社会参与程度低。

3. 评估价值取向存在偏差

在我国教育质量评估实践中,缺乏一套核心的价值体系作指导。由于教育质量评估结果是作为政府对高校教育质量绩效考核的主要指标,评估活动没有真正达到改善教育质量的效果,其最初的目标转变成了应付上级主管部门的检查以及寻求政府财政部门更多的财政拨款。有一些高校甚至出于争夺更多教育资源的目的而不惜造假与投机,从而造成了大量的资源浪费。而且,我国目前缺少与教育质量评估结果相配套的激励机制,评估结果得不到恰当的处理,致使高校自我革新动力不足,教育评估体系未能真正成为教育发展的推动力。

（五）经费配置方面的问题

经费配置方面的问题主要包括以下几方面（图6-7）。

```
┌─────┐              ┌────────────────────────────────────────┐
│ 经  │              │  经费投入体制不完善，造成资源重复配置   │
│ 费  │              └────────────────────────────────────────┘
│ 配  │
│ 置  │
│ 方  │              ┌────────────────────────────────────────┐
│ 面  │──────────────│  经费投入保障机制缺失，导致资源配置效率不高 │
│ 的  │              └────────────────────────────────────────┘
│ 问  │
│ 题  │              ┌────────────────────────────────────────┐
│     │              │  其他经费来源渠道有限，学生支付学费过高   │
└─────┘              └────────────────────────────────────────┘
```

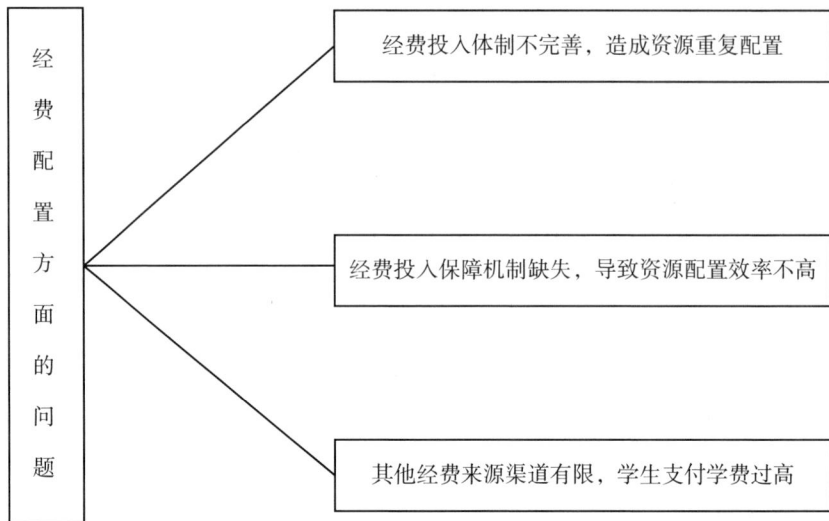

图 6-7 经费配置方面的问题

1. 经费投入体制不完善，造成资源重复配置

我国高校教育经费投入体制具有极强的行政式干预能力，但存在较为明显的分散化管理的特点。就我国高校科研经费配置体制来说，虽然有国务院下属的国家科技教育领导小组专门负责领导全国范围内的科技教育统筹工作，但没有专门的相关行政管理机构，因此，在目前的体制下缺乏针对教育经费投入进行实质性的管理、协调、统筹以及规划的部门；对于科研项目的设立目的和资助对象，尽管各部委内部对各项目都有比较明确的定位，但由于缺乏这样一个专门的管理部门统筹、协调各部委之间的科研规划，也很容易造成资源的重复配置。

2. 经费投入保障机制缺失，导致资源配置效率不高

在市场经济体制下，只有建立健全相关法律法规，高等教育经费投入增长才有可靠的保障机制。目前，我国关于高等教育经费投入的细则还有待完善。经费投入相关法律制度的缺失将导致现行财政部门拨付经费的权力过大、财政资金分配不透明等问题；相关监管机构建设的不完善易使得银校合作中出现高校拖欠债务、难以偿还的问题。因此，政

府应加强对高等教育经费投入的法律监督和制度保障。[①]

3. 其他经费来源渠道有限,学生支付学费过高

在我国,普通高等教育经费来源非财政性渠道中,来自民间投资渠道企业和社会团体投入比例过低与学生个人及家庭投入比例过高形成强烈反差,来自个人和家庭缴纳的学费和杂费的比例很高,这样的不良后果使有的学生个人及家庭对高等教育的支付能力有限,甚至会导致其难以承受高额学费而无法顺利完成学业。[②]

(六)教学资源方面的问题

高校现有的教学资源无法满足高校人才培养的需求,加上教学资源缺乏管理、利用效率低以及共享平台的缺乏,导致教学资源的供需矛盾日益明显。概括来说,教学资源方面的问题主要包括以下几方面(图6-8)。

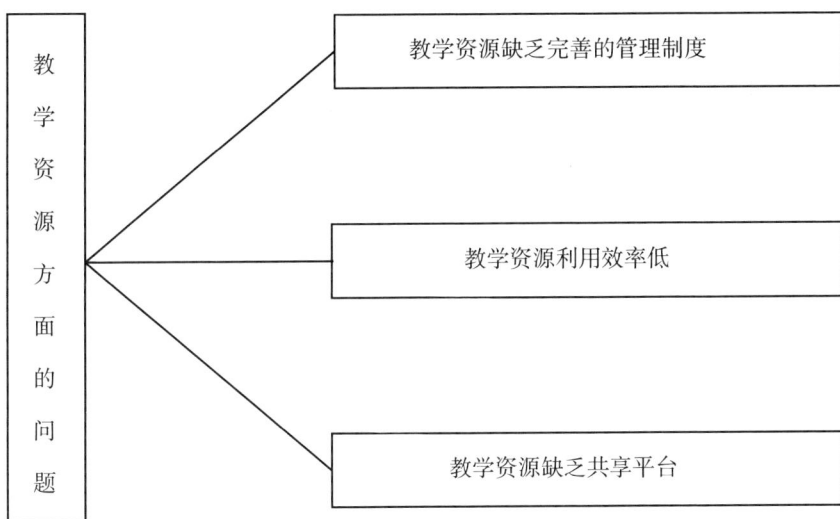

图6-8　教学资源方面的问题

（教学资源方面的问题）
- 教学资源缺乏完善的管理制度
- 教学资源利用效率低
- 教学资源缺乏共享平台

① 张茂聪.教育公共性的理论分析[J].教育研究,2010(6).
② 杨明,赵凌,论普通高校十年扩招中经费投入的特征、问题及对策[J].浙江大学学报(人文社会科学版),2012(5).

1. 教学资源缺乏完善的管理制度

教学资源的管理制度是指和教学资源管理密切相关的各种规章和制度的总称。高校教学资源管理制度的不完善主要体现在两个方面。

第一，缺乏配套规章制度。

第二，缺乏实时管理监督。

许多高校虽然已建立起了基本的教学资源管理制度，但在日常管理和教学实践中出现的一些新问题和新情况在规章制度中得不到及时反映，导致管理过程中遗漏了许多亟待解决的问题，从而制约着教学资源的有效利用。此外，有的规章制度设置过于宽泛、不够具体；有的则过于死板、不够灵活，对实际教学资源的监督管理缺乏可操作性、可执行性。①

2. 教学资源利用效率低

我国高校在课程、师资和教学硬件等方面资源分配比较零散，教学资源利用效率低、浪费现象严重。许多有价值的教学资源形同虚设，其利用价值没有得到应有的体现。②

3. 教学资源缺乏共享平台

教学资源的共享一般是通过互联网实现的，我国许多高校虽然创建了自己的网络资源库，但是网络技术水平的限制和高校的自我封闭意识使得高校内部教学网络资源库仅在小范围内实现共享，如此分散独立的教学资源给人们的选择和利用带来了许多不便。高校的自我封闭意识、对教学资源共享平台建设的不重视是实现资源共享的一大障碍。

（七）考核机制方面的问题

我国高校的课程考核主要以传统简单的闭卷考试为主，极其不利于高校人才的培养。概括来说，考核机制方面的问题主要包括以下几方面（图6-9）。

---

① 熊正德. 管理类拔尖创新人才培养与质量评估研究 [M].北京：华文出版社，2016.

② 沈记全，赵俊伟.关于高校校内教学资源共享问题的几点思考 [J].实验室研究与探索，2012（1）.

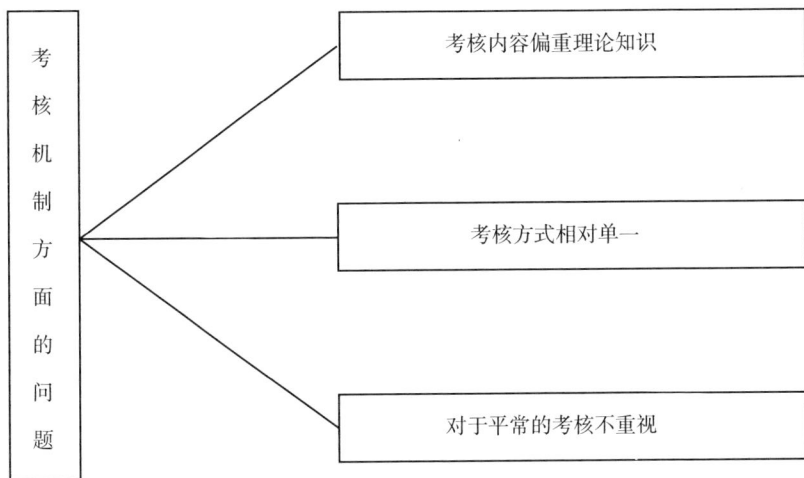

图 6-9　考核机制方面的问题

1. 考核内容偏重理论知识

我国高校课程考核的内容过于偏重课本知识,注重对知识掌握程度的考查,而对学生应用知识来分析问题的能力、解决问题的能力以及创新能力的考查却比较少,这种考核方式虽然可以在短时间通过"突击"提高成绩,但不利于充分调动学生学习的积极性、主动性,也不利于培养学生分析问题的能力、解决问题的能力和创新能力。

2. 考核方式相对单一

专业课程考核方式比较单一,基本上是以闭卷的笔试为主。这种方式的优点是操作起来比较简单、容易,并且在一定程度上能够确保考试的客观性和严肃性,但是,这种方式只能考查出学生对课程理论知识的掌握情况,不能检验出学生对课程学习知识的纵深关联程度,也不能用来考核学生的创新思维和动手能力,容易造成学生平时不努力学习,考前死记硬背应付考试,甚至夹带小抄考试舞弊等情况的发生。由于这种单一的考核评价方式有很大的偶然性,因此,由此种方式考核出来的"成绩"也具有很大的偶然性,并不能真实反映学生的学习状况,这样的考核方式显然有失公允。

3. 对于平常的考核不重视

考核最常采用的是闭卷笔试、期末考试和总结性评价等方式,对学生一门课程的学习表现主要是以最后的期末试卷成绩来评定。尽管也结合了平时成绩的考量,但平时成绩所占的比例非常低。这就导致平时考核得不到学生的足够重视,学生平常不怎么花时间在学习上,反而过度地将学习精力放在最后的期末考试上,每当临近期末考试,许多学生就考前临时抱佛脚,挑灯夜战来复习,无法保证学习的连贯性,使学习效果大打折扣。

(八)教学方法方面的问题

随着多媒体信息技术的发展和普及,教师对于课堂教学方法的观念有了巨大转变,高校对于教学方法的应用创新也越来越重视。但总体上,教学方法仍存在许多问题(图 6-10)。

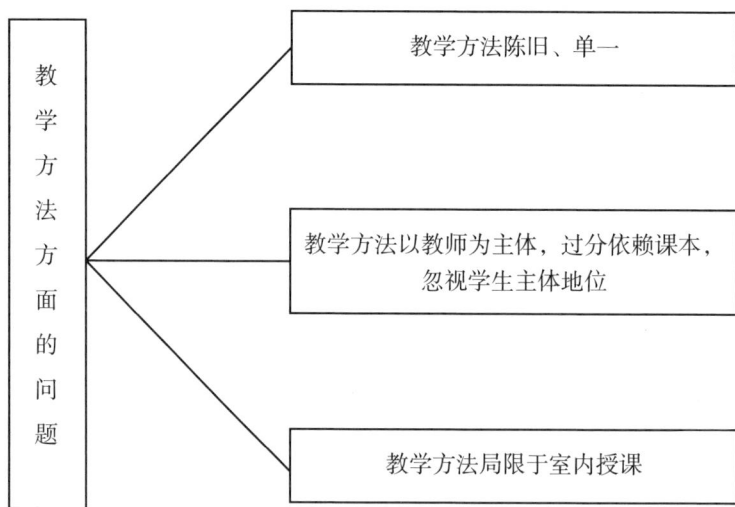

图 6-10　教学方法方面的问题

1. 教学方法陈旧、单一

教学方法如果一成不变、陈旧滞后,就很难激发起学生的学习兴趣。当前高校教学方法仍以教师讲授法为主,讨论、试验、调查研究等其他教学方法只是辅助手段,并且,研究生阶段与本科阶段的教学手段没有本质区别。尽管以教师灌输知识为主的单一讲授法具有严密的逻辑性,并且有利于知识在短时间内系统传授。但这种教学方法给予学生独立学习的时间很少,给学生留有的思考空间也小,导致学生缺乏学习的主动性、积极性和创新性,学习兴趣降低,学习潜能受到限制,以至于在课堂上出现"教师口若悬河,学生呆若木鸡"的被动局面。

2. 教学方法以教师为主体,过分依赖课本,忽视学生主体地位

受中国传统文化的影响,课堂上学生保持沉默被认为是对教师的一种尊重,有问题须待教师讲完,再提问,以至于上课过程中教师与学生的互动、学生与学生之间的交流与互动很少。课堂上主要以教师为中心和主导,教师负责教授,学生负责听讲,教师与学生互动和沟通缺失。如果在课堂上师生之间缺乏有效的互动和沟通,那么,学生的学习方法和教师的教学方法就难以得到改进和提升,最终教学效果不甚理想。另外,教师在教学过程中过分依赖课本,教学活动成为简单的知识搬运,学生成为知识的被动接受者,在教学中没有充分发挥应有的积极作用,这非常不利于培养他们独立思考问题、分析问题和解决问题的能力。

3. 教学方法局限于室内授课

我国高校教学重视学生对理论知识的掌握,教学的绝大部分时间均在教室中完成,而在其他环境中的实践教学非常少。教学局限于教室,教师过于注重学生在课堂上的听课效率,而忽视课堂之外的学习时间。教室授课的方式可能会局限于理论层面的课本知识传授,学生单凭想象很难体会这些理论在实践中具体是如何运用的,从而使课程内容缺乏实用性。相比之下,实验室、图书馆、企业等环境在一定程度上更能调动学生的学习积极性,培养学生理论联系实际的能力。[①]

---

① 杨惠芳. 从中西对比看我国高校教学方法与教学手段的改革 [J]. 教育探索, 2003（8）.

第二节　高等教育人才培养的理念与原则

一、高等教育人才培养理念的含义

理念是指人们从个别事物或现象中归纳总结出的一类事物或现象的共性并用语言表达出来的普遍概念。理念既包括认识、思想、信念、意识、理论和价值观，又包括目的、目标、宗旨、原则和规范等。目的、目标、宗旨、原则和规范使理念这一抽象的概念变得具体化。教育理念是指在教学实践过程中或教学思维活动中教育主体对"教育应然"（即教育现实）形成的理性认识和主观要求，一般包括教育宗旨、教育目的、教育目标、教育原则及教育要求等。教育理念既包括系统的理性概念，也包括非系统的、单一的理念概念，这都取决于教育理念既可以是系统的亦可以是非系统的、单一或彼此独立的理性概念或观念，取决于教育主体对教学现实的了解程度和认知程度，以及教育实践的需要。教育理念在一定程度上影响着教育实践活动。由此可知，高等教育人才培养理念是教育主体对高等教育人才培养的理性认识、理想追求及思想观念。

二、对高等教育人才培养理念内涵的认识

高等教育是指受教育者在完成了中等教育的基础上进行的专业教育和职业教育。伴随着高等教育的发展，人们对高等教育人才培养理念的内涵形成了不同的认识。

第一种认识是高等教育就是培养受教育者具备某种职业能力的教育，也就是说，教育以职业教育为主。

第二种认识是高等教育是人类社会经济发展的产物，是一个不断发展的过程。

第三种认识是高等教育是国家教育事业的重要组成部分，是受教育者为了获得专业知识和专业技能而组成的教育系统。

第四种认识是社会应该树立终身教育观。因为教育贯穿个人发展的全过程,从开始接受教育起到高等教育,再到就业培训、岗位培训,这是一个终身性的教育。

第五种认识是高等教育是为了适应经济社会发展、提升个人就业能力的需要而设置的教育,具有很强的针对性。可以说,高等教育是一种"职业针对性"的教育。

三、正确理解高等教育人才培养理念内涵

众多的学者从不同层面对高等教育人才培养理念内涵进行了阐释。综合来看,包括以下几个方面(表6-4)。

表6-4　高等教育人才培养理念的内涵

高等教育人才培养理念的内涵	具体阐述
高等教育是一种主体教育	传统的高等教育以社会、学校和教师为主导,过多地强调受教育者对社会、学校和教师的服从,而忽略了受教育者本身的主体性和个体之间存在的差异性。在这种教育理念的熏陶下,受教育者不仅缺乏主体意识和创新精神,而且缺少必要的职业道德。因此,高等教育必须全面贯彻党的教育方针,注重受教育者全面发展,促进受教育者个性和主体性的发展
高等教育是一种全民教育	高等教育是一种大众化的专业教育和职业教育。它在满足个人需求和开发个人潜能的同时,为所有人提供专业和技能的教育。受教育人群不仅包括适龄学生,而且包括在职从业人员、失业人员,以及处于"边缘化"的群体。只要是社会中的一员,均有机会通过各种途径和方式接受教育
高等教育是一种文化教育	高等教育在传授专业知识和专业技能的同时,也教授受教育者一种文化理念,如价值观念、道德观念和思维方式等。传授一定的文化知识,有助于培养受教育者的职业道德,促其树立正确的价值观
高等职业教育是一种终身教育	随着社会经济的发展,人们对社会的认知、对职业技能的需求会不断发生变化,这就需要人们要不断接受继续教育或培训。因此说,高等教育是一种终身性的教育

四、高等教育人才培养的新理念

高等教育人才培养的新理念主要包括以下几方面(图6-11)。

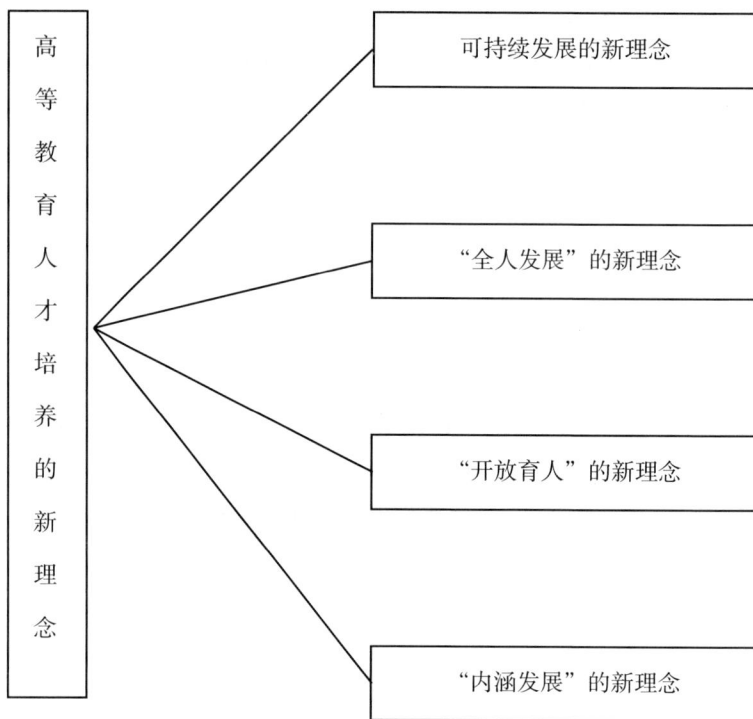

图 6-11 高等教育人才培养的新理念

（一）可持续发展的新理念

可持续发展的教育理念注重人的长远发展，有意识地规划当前和未来的人才培养模式，从而实现人的可持续发展。我国高等教育要确立可持续发展理念，需进行三方面的改革（表 6-5）。

表 6-5 我国高等教育要确立可持续发展理念需进行的改革

需进行的改革	具体阐述
改变人才观	高等教育要面向全体学生，创建科学的课程体系，促进学生创新精神的培养和实践能力的培养，以使学生得到全面、平等、协调的发展
改变价值观	在教学中，调整学科、专业的关系，促进学科与专业相互渗透、相互融合，从而促进人的可持续发展
改变发展观	高等教育要注重数量增长和质量提供的有机结合，保证学科专业建设的均衡性，不断整合优化师资结构，构建合理的人才流动机制，以促进高等教育的协调持续发展

（二）"全人发展"的新理念

"全人发展"理念是对教育与人的价值关系的一种全新认识,它符合马克思主义关于人的自由全面发展的观点。要确保这一理念的确立,就需要做到以下几点。

第一,强化实践育人,注重学生实践能力的提升。

第二,根据不同层次与类型的人才培养特点,设置个性化的人才培养方案。

第三,改变传统教学方法,使用新的教学方法,有效促进大学生全面性和个性化培养。

第四,充分保障学生拥有自主选择权利,如选择专业、课程和教师。

（三）"开放育人"的新理念

随着改革开放的不断深入,我国越来越重视教育的开放与合作。政府不断出台政策鼓励开放育人新的教育理念的确立。开放育人理念主要体现在:

第一,学校要面向世界开放。高校要鼓励学生认识世界,培养学生"全球意识",让学生具有国际视野和国际素养,从而适应经济全球化的新要求。

第二,学校要面向社会开放。高校要积极与校外企业、科研机构等加强合作,建立合作育人机制,实现育人资源互动共享,鼓励学生参与社会实践。

（四）"内涵发展"的新理念

我国高等教育的内涵发展坚持立德树人,坚持以人为本,注重能力培养,实现全面发展;坚持以人为本,设定新的人才培养目标,制定符合中国特色要求的人才培养标准;坚持以学生为本,促进学生健康成长;坚持以学生评价来衡量教学质量。

五、高等教育人才培养的原则

高校要将人才培养作为工作重点,要时刻关注学生的健康成长,无论什么时候都不能忽视人才培养问题。高等教育人才培养应遵循以下原则(图 6-12)。

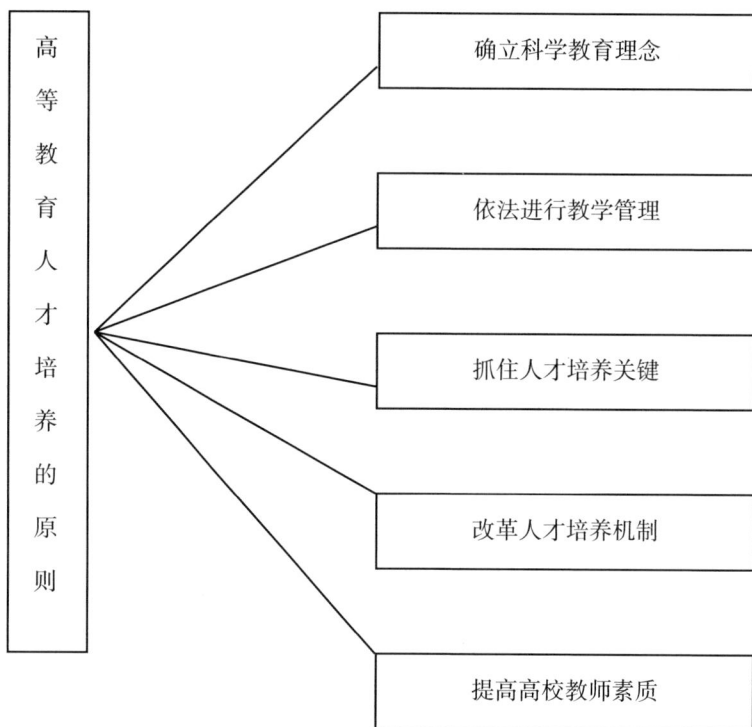

图 6-12　高等教育人才培养的原则

（一）确立科学教育理念

人才培养质量的高低影响着高校教育质量。要想提高人才培养质量，就要确立科学的教育理念，用科学观念的转变推动高校人才培养质量的提升。要树立以人才培养为中心的理念，重视人才培养的质量问题。我国高校的本质功能是通过教育活动培养高素质的人才、社会主义事业的建设者和接班人，这也是高校赖以生存的基础以及区别于其他社会组织的根本之处。从这点出发，就要求高校的一切教育活动都必须以人才培养为中心。教育工作都要体现人才培养的特点，无论何时都不能偏离这个根本问题。

高校在教育实践中要以社会评价为基础来进行人才培养工作，将社会的需求体现在人才培养的各个环节上。准确掌握并分析高校学生的就业状况和人才供需情况，将此与学校专业设置与课程安排相结合，提高高校人才培养与社会经济发展的适应程度。要落实以学生为本的理念,将其作为教育工作的重要追求,把学生的健康成长作为学校人才培养工作的根本出发点和落脚点,是高校教学工作的关键所在。

高校的教育工作者要以学生为中心,对人才培养工作倾注感情,把关爱学生作为基本点来实施教育工作。高校领导者要公平对待学生,关注学生的需求。一切为了学生、为了学生的一切、为了一切学生也是所有高校永恒的精神追求。此外,要树立以学生评价为先的观念,将学生评价纳入教育教学质量的体系。在具体实施的过程中,要多听取学生对教育教学的意见和建议,重视学生的反馈,真正将这些建议落到实处,将学生的评价作为改善教学工作、革新教学方法,提升教学质量的强大动力。

高校在确定目标时,要根据学校的实际条件和现有资源,找准方向,发扬长处,做好学科设置、课程设置、课程体系建设等方面的工作,不可盲目进行,一味追求发展速度。社会经济的发展以及社会分工对人才的需求是不同的,而高校的办学条件和资源却是有限的,不可能培养出社会所需的各种人才。同时,高校的人才培养工作是一个长期而复杂的过程,需要从多方面进行整体规划。在确定人才培养目标时,要综合考虑,不能只重视学生智力的发展而忽视学生德、体、美、劳等方面素质的培养。高校虽然都能意识到全面发展的重要性,但在实践时出于种种原因不能切实把握好平衡点。在具体的人才培养过程中,只有把学生培养成为拥有完整人格的人,才能最终培养出国家和社会所需要的人才。在崇尚物质至上理念的时代,高校要注重培养学生为人处世的能力,构筑有利于学生成长成才的环境和氛围。

坚持确立科学教育理念还需处理好高校内部各项工作之间的关系,区分轻重缓急,处理好高校自身发展和经济社会的关系,避免在高校中出现根本功能弱化的现象。高校在快速发展的过程中也出现了不少问题,这严重影响了高校在群众心中的形象,使高校的公信力下降,阻碍了教育事业的发展。造成以上问题的原因是多方面的,但在有关高校办学目标和教学任务的问题上,我们必须要认真对待,确立明确的目标。明确的目标是指为高校准确定位,通过坚持不懈的建设,明确把学生培养成具备何种素质或者何种类型的人才。这关系到学校的专业设置、课程设置、学科建设等问题,还关系到构建学生综合素质的体系问题,例如高校学生的心理素质、思想道德素质、实践能力、创新精神及能够体现文化素养的人才培养问题。高校确定培养目标时必须从实际出发,重视存在的各种问题。由于现实条件和历史条件的制约,高校存在着发展不平衡的现象,具体表现在专业设置、场所、硬件设备和师资力量等方面。

(二)依法进行教学管理

教育是指通过专门的教育机构进行的有目的、有计划、有组织的教育过程,也就是说教育者依据社会的需要与发展情况,遵循受教育者的身心发展规律,以受教育者的积极参与为基础,对受教育者施加影响,使其成为社会所需人才的一种社会实践活动。教育工作既要关注速度,善于抓住时机,又要注重反复的训练、启发和诱导,循序渐进地进行,促使学生形成正确的思想观念,向高校的人才培养目标前进。做好教学管理工作是高校人才培养的一个重要方面。当代高校的学生由于受到来自社会、学校和家庭等一系列客观环境的影响,在学习目标、成才意识、学习态度、纪律意识、吃苦意识以及生活自理能力方面与过去的学生有着很大的区别。由此可见,对他们进行日常管理,改变他们的不良行为,帮助他们学会如何学习和生活,培养良好的行为习惯,是保证人才培养质量的关键环节。管理工作的目的是使学生具有一个良好的学习和成长的环境,维护学生的利益,保障高校能够正常运行。学生管理既包括对学生行为的管理,也包括对学生的生活、文体活动、社会工作、社会实践等方面的管理。要使管理有效进行,必须遵循相关的法律法规。依法管理不仅是科学管理的根本所在,也是法治社会实施一切管理的必然要求,对高校学生的管理也是如此。

贯彻依法管理的原则,首先要对学生进行管理的依据合法化,即高校规章制度的制定必须依照国家的相关法律法规,不能随意更改学生的义务和权利。此外,要注意根据现实社会条件的变化清理和修改现行的教育管理制度,及时废除那些不能适应社会发展以及学生身心发展规律的法律法规。其次,管理者在进行管理时要以既定的规章制度为参照物,确保管理工作有法可依、有序进行,不能随意更改、主观臆断。在实际生活中,由于传统师生观念的影响,高校教师往往会独断专行,认为自己的行为都是合理的,导致管理工作的进展不顺利,大大降低了管理的效果。

（三）抓住人才培养关键

要做到立德树人，就是要准确把握人才培养的关键点，具体包括以下几方面（表6-6）。

表6-6　人才培养的关键点

人才培养的关键点	具体阐述
培养学生的创新意识	培养高校学生的创新精神需要善于激发学生的学习兴趣和积极性。高校应给予学生自由选择的权利，鼓励学生个性的发展，不断挖掘学生的发展潜力，为他们创建独立思考、不断探索和创新的有利环境，使学生在高校中培养出良好的行为习惯，为将来的发展奠定基础。当前，一些高校正在为学生的个性发展制订方案，将本科分为多个培养阶段，帮助学生确立合适的发展道路，建立专业化的标准
培养高校学生对社会的责任感	社会责任感是一种道德义务，是指在特定的社会里，每个人在心里和情感上对其他人的伦理关怀和义务。一个具有社会责任感的人，应该坚持正确的道德主张、坚持实践正义原则、愿为他人奉献和牺牲。在实践中，要将立德树人作为基本目标，将社会主义核心价值观念渗透到人才培养的全过程，促使学生将个人的梦想和宏伟的"中国梦"联系到一起，将个人价值和社会价值联系到一起，将个人的命运与集体和国家的命运联系到一起，使每一名学生成长为对社会、对国家、对他人有帮助的人
培养学生的实践能力	实践是世界万物的创造者，没有实践就没有我们生活的现实世界。实践是高校人才培养中的薄弱部分，是提高人才培养质量的重要突破口。要想解决这一难题，就需要增加教育教学实践的机会，提高教学实践在教学中的比重。鼓励广大学生参加社会调查、公益活动、生产劳动、志愿者活动、科技创造、勤工俭学等活动。开展校企合作，增加学生实习实践的机会，开发出一批实地训练基地和校外实践基地。改进和完善相关的法律法规和政策方针，促使企业给在校大学生提供实习实践的平台

（四）改革人才培养机制

培养创新型人才，不仅需要科学的教育理念和关键环节，还要有不断变革的体制机制。改革人才培养机制主要体现在以下几个方面（图6-13）。

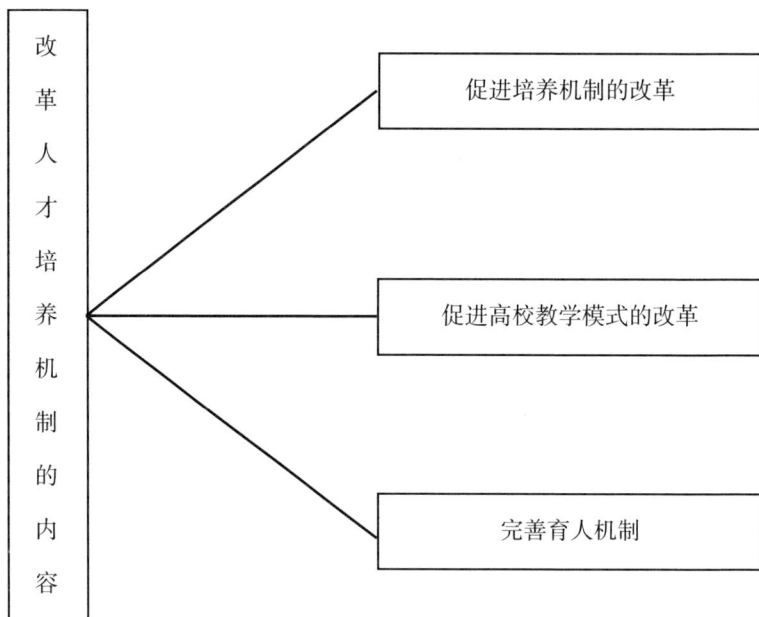

图 6-13　改革人才培养机制的内容

1. 促进培养机制的改革

以分类理念推进高校教育的综合提高,不同类型的人才培养使用不同的教学模式。对于研究生,要提高研究生的创新能力,妥善安排硕士研究生和博士研究生的培养工作,将学科学习与科研训练结合在一起,促进多学科的融合,提高教学评价的水平。尤其对于专业学位研究生,应着重培养他们的职业能力,加强教学实践,建立一批专业化的教师队伍。创新人才的培养不足是我国高校教育的突出问题,这个问题的解决需要长时间的努力。创新人才的培养需要特殊的培养通道和特殊的培养方法,高校要注重因材施"制"、小班教学、个性化教学,让他们尽早加入科学研究的行列,为科学研究做出贡献。

2. 促进高校教学模式的改革

本科教学以质量标准建设为基础,是高校教育工作中的基础。目前的本科教育中还存在一系列的问题。高校管理者要将本科教学置于重要的地位,并将精力集中到质量的提升上,带头进行调查和研究,定期召开工作会议,解决高校教育工作中的重难点问题。高校的教育者要不断改进教育教学方式,尝试进行小班教学,采用参与式、探究式、启发式、讨论式教学,在教育教学的过程中鼓励学生进行创造性思维。经常运用互动式教学方法,增强与学生的交流和沟通。推动信息技术在教学中的普遍运用,增强学生使用先进技术的能力。教育部通过建立国家、地方和高校三结合的体系,指导各地高校进行专业建设、课程建设,加大本科教学的教育投入,着实提高教学水平。

3. 完善育人机制

高层次的科学研究和高层次人才培养是互相促进、互为基础的。科技创新水平的提高离不开高层次的人才培养,否则将变为空谈。创新人才的培养离不开高层次的科学研究,否则将变为空中楼阁。同时,要全面吸引社会资源的投入,探索建立高校人才培养的新机制。不断促进科学研究与教学的结合、事务部门与人才培养相结合,实现优势互补、取长补短。巩固和完善高校与科研院所、相关部门、企业行业的战略联盟,扩大资源共享的途径,合作创办学校,共同育人,合作共赢。

(五)提高高校教师素质

提升人才培养质量,关键在于教师。如今,高校教师的整体素质虽有了较大提升,但仍然存在一系列的问题,如高层次人才培养的机制不合理、青年人才后备力量不足、教师师德有待提升、教师缺乏责任感等。要想尽快解决这些问题,需要将青年人才的培养作为工作重点,坚持师德为先、教学为主、科研为基础的原则,提升整个教师队伍的素质和水平。高素质、高水平的青年教师队伍是教育工作的短板,因此要以“引育并举”思想加强青年人才队伍的建设。在未来社会,谁拥有充满活力的青年人才,谁就能更快地占领教育发展的制高点。青年教师是高校的未来和希望,是高校发展的潜力之所在。重点培养青年教师队伍,要做到对外开放、主动出击和大胆尝试。

第一,对外开放。利用各项人才政策建设人才培养项目,制定相关的政策和方针,从国外引进先进人才。在具体引进人才的过程中,要全面深入考察,改进人才引进机制,完善学术评价机制,严把质量关,防止学术平平的现象出现。

第二,主动出击。既可以依托研修项目,也可以从学校重点学科、科研基地、重大科研项目等入手培养具有活跃思维、宽阔的学术视野、巨大发展潜力的青年骨干教师队伍。

第三,大胆尝试。破除负面影响,充分理解、支持和关爱广大青年教师。构建青年骨干教师的成长平台,使其主动参与重大课题研究、重大课程建设以及项目决策管理,让他们在教学工作中承担重任。加强青年骨干教师考核评价机制的改革,完善薪酬激励机制,创建流转退出机制,鼓励青年教师进行教学创新,激发青年骨干教师的创造活力。

第三节　高等教育人才培养的模式

关于人才培养模式的表述虽然多种多样,但是人们对于人才培养模式的内涵却有着基本的共识,即人才培养模式基本内涵应包括人才培养目标、过程、途径、方式、制度等多种要素。

一、人才培养的目标:培养身心和谐发展的人才

高校学生的身心和谐不仅表现为动手能力与动脑能力的和谐,也表现为智慧操作与技能操作的和谐,还表现为身体机能与心理机能的和谐。人的身心和谐,是指一个人身体健康、知识渊博、人格完善、能力全面,应该包括生理和心理的和谐两个方面,并在这二者之间达到一种平衡协调、整体互动的状态。无论是高校、教育者还是大学生,在进行评价时,都应把能力作为衡量身心和谐发展的重要标准。其中,智力和能力一直为人们所关注,我们可以将二者合称为智能。现在实施的素质教育要求提高公民的思想品德、科学文化水平、身体和心理素质以及劳动技能,培养各种能力,发展人的个性。培养智能对学生智力和能力的提升起着主导作用,在不断完善人的其他素质方面也起着一定的作用。此外,智力素质的提高能够优化学生的品德,提升他们掌握科技知识及技能的能力,增强学生体质。

二、人才培养的过程：建立协调的人际关系

人际关系是指人们在生产和生活的过程中逐渐建立的一种社会关系。这种关系会影响人的心理，在人的心理上形成一定的距离感，具体表现在人与人交往中关系的亲密性、深刻性、协调性、融洽性等心理方面。高校中的主要人际关系有师生关系和同学关系。师生关系指教师和学生在教育、教学过程中形成的相互关系，它是一种较为特殊的社会关系和人际关系，是高校教师和学生为实现教育目的，通过各自独特的身份和地位通过教学活动而形成的多层次、多质性的关系体系。师生关系与师生间的共同需要、意愿、个性特征等有着密切的联系，尤其是教师的工作作风对师生关系有着重要影响。同学关系的内涵比较丰富，既包括正式的同志关系、学习关系、领导和被领导的关系，也包括非正式的志趣相投、心理相容的同伴关系以及相互排斥的竞争关系。

和谐的人际关系在人才培养过程中有着极大的促进作用。和谐的人际关系能够帮助学生了解自己以及了解他人，《老子》第三十三章中说："知人者智，自知者明。"所谓自知，就是自我意识，是对自己身心活动的觉察，也即是自己对自己的认识。这种需求一旦得到满足，就会产生一种安全感和归属感；如果这种需求得不到满足，则会产生抑郁、不安、孤独的情感，同时会产生更多的生活和情感问题，不利于身心的健康发展。

三、人才培养的途径：群体性与独立性相统一

（一）人才和群体的统一性

人的根本属性是社会属性，高校学生作为社会中的一员，必然会受到来自社会的影响。高校学生对群体产生一定作用和影响的前提是充分考虑学生个体与群体的复杂关系。

首先，要明确群体教育的手段，并使群体决策成为实现群体教育的基本手段。群体的规章、纪律、行为规范都制约着大学生的行为。如果只是由少数群体参与规范和纪律的制订，那它们对学生的制约力不会很高。因此，在制订规章制度时应选用群体决策的方式。所谓群体决策，是决策学科中一门历史悠久与应用价值较高的学科。它研究如何将群

体中每一个成员对某类事物的偏好汇集成群体偏好,促使该群体对此类事物中的所有事物进行优劣排序或者从中挑选质优者。作为一种常用的决策手段,群体决策在处理重大事情的过程中发挥着较大的作用。在群体进行讨论时,每一个成员都是决策的参与者,都能表明自己的态度,奉献自己的一份力量。制订决策时,群体间的交流使大家互相交换意见,每个参与者都能看到问题的方方面面。并且,群体决策是通过大家的讨论而产生的,因此能够得到广大学生的支持。事实上,许多高校的规章制度都是由教育管理者制订的,大学生根本没有参与的机会。大学生只是被动的接受者,以自己的经验和立场来理解这些决策,并不能获得他们的支持。这就减弱了大学生学习的积极性,而这些规章制度也不能发挥其应有的教育制约作用。群体决策的主体并不都是大学生。由于高校学生的知识储备、生活经验都存在着局限性,高校教师应该积极发挥引导作用,有机地将个人决策与集体决策结合起来,使这些规章制度对高校学生具有教育和规范作用。

其次,要发挥群体凝聚力在群体教育中的作用。群体凝聚力也可称为群体内聚力,由群体对成员的吸引力与成员对群体的向心力以及成员之间人际关系的紧密程度综合而成,并使群体成员固守在群体内的内聚力量。要发挥群体对大学生的教育作用,学生首先要愿意融入这个群体,以所在的群体为荣,群体对高校学生有足够大的吸引力。若群体具备了较高凝聚力,群体舆论、群体风气以及群体的制度规范对学生才具有一定约束力,才能更好地实现群体的教育作用。

提高群体凝聚力,可以从以下途径进行。

第一,明确目标。高校学生要树立群体活动的目标,这是培养群体凝聚力的基础。大学生确立了学习和工作中的目标,才能明确自己的职责所在以及与其他同学之间的关系。通过大家的共同努力,学生间增强了了解,关系更加融洽,友谊得到了提升,并且增加了彼此间的吸引力,从而提升了学生间的凝聚力。

第二,改善群体间的奖罚方式和手段。研究表明,无论是个人奖励还是群体奖励都会影响群体成员间的情感。个人奖励与集体奖励的有机结合有利于群体间凝聚力的提升。在培养优秀学生时,适当进行个人奖励能够促进成员之间的团结协作。过分强调群体的成绩,忽视个人的成功,则会削弱个体的积极性和创造性。高校教师在运用奖惩时,不仅应从整体上鼓励和奖励集体行为,也要重点奖励和表扬那些做出突出贡献的个人,将群体奖励与个人奖励有效结合起来。

第三,促使群体满足学生程度的不断提高。高校学生往往希望通过参加群体活动来提高自己的能力,满足学生的各种物质需要和精神需求。如果这种需要能得到较大的满足,群体对学生的吸引力也会越来越大,个体对群体的依赖程度越高,群体的凝聚力也就越高。人的需求是多种多样的,学生在群体中不仅要满足求知的需要,还要与人交流,获得尊重和友谊。高校教师不仅要关注学生的学习,还要发展学生其他方面的能力,通过各种途径,促进大学生与他人的沟通和交流,发展学生间的友谊,满足他们的各种需求。

第四,完善多种领导方式。研究表明,在不同领导方式下的群体凝聚力的表现程度也不一样。在民主型的领导方式之下,群体间的成员团结互助,感情融洽,交流频繁,思想活跃,积极性高,群体凝聚力也较高。在专制型或者放任型的领导方式下,学生人心涣散,积极性不高,冲突较多,群体凝聚力也不高。

(二)人才在群体中的相对独立性

人不是被动的接受者,而是具有主观能动性的主体。高校应该培养出在群体中能够保持独立人格和独立思想的人。现代科技的发展促成了网络的产生,网络时代给当代大学生提出了新的要求。在这一广阔空间中,人与人的交往更容易实现,既能够与一个人联系,也能够同时与多人进行沟通,交往具有普遍性,每一成员都能广泛地加入社会生活。为更好地应对网络时代所带来的各种挑战,不能单纯依靠学生的自身力量,高校也要承担一定的责任。高校要转变观念,对学生加强教育。高校可以从以下几个方面进行改进。

第一,增强教育的开放性。实践证明,单纯的教育已经不能适应当今社会的发展,高校的教育也是如此。在网络化社会,高校要充分利用网络资源和技术,不断地创新教育方式。

第二,转变教育形式。传统的教育尤为注重学生接受知识的能力,而忽视了培养学生的自主选择和判断能力。

第三,更加注重自律的作用。要引导学生在使用网络资源时进行自助筛选,要抵制不良信息的侵蚀。

四、人才培养的方式：产教融合教学法

为适应当前经济发展，提高企业核心竞争力，亟须培养一流的人才。人才培养是当今社会赋予高等教育的重要使命。高等教育培养的人才在具备一定理论知识的基础上，更加强调岗位操作技能，使其既能适应当前职位需求，又能可持续发展。因此，在人才培养方式上，应构建符合高等教育特色的产教融合教学模式，以平等互利、优势互补为原则，以培养高素质技能型人才为目的的教学模式。产教融合教学法，指学校充分利用产业部门的教育资源和教育环境，把以课堂获取的理论知识付诸实践，将教学活动与生产活动深度融合。

五、人才培养的制度：创新型人才培养制度

改革开放后，伴随着政治体制和经济体制改革，我国高等教育体制改革的步伐也加快了，为人才培养制度的实施创造了有利的外部条件。

（一）高校自主办学

高校自主办学为人才培养制度的实施开辟了自由发展的空间。教育体制的改革使学校和学生都享有较大的自由度，学校实行自主办学，包括自主招生，自主制订教学计划和教学大纲，学生毕业不包分配，上大学收取学费，学校自筹一部分经费并自主使用。学校是独立的法人实体而不再是行政部门的附属体，学生在学习上也有较大的自由度。

（二）引入竞争机制

竞争机制的引入为人才培养制度的实施注入了活力。学年制时期，同一门课往往只安排一位教师，学生没有比较，教师也可以在毫无竞争的情况下按部就班地、年复一年地讲下去。竞争机制的引入，使同一门课至少有两位老师讲授，学生可以选择教师。听课学生人数少，课就不能开，教师就有解聘的危险。学生的学习也充满了竞争，不是每个学生进入大学就能够毕业，而是有相当数量的淘汰率。在这种情况下，人才培养制度的实施显得充满生机。

（三）确立人才全面发展的培养目标

高等教育培养目标的重新确立为人才培养制度的实施创造了有利条件。近年来,伴随着高校的不断扩大招生,高等教育的培养目标由过去的"精英"的培养目标重新确立为提高全民的文化素质的培养目标,这个培养目标的确立使学分制的实施成为可能和必需,因为学分制不存在严格的年级和学习年限,也便于不同年龄、不同身份、不同职业的学生灵活地自行掌握学习进度。

第七章

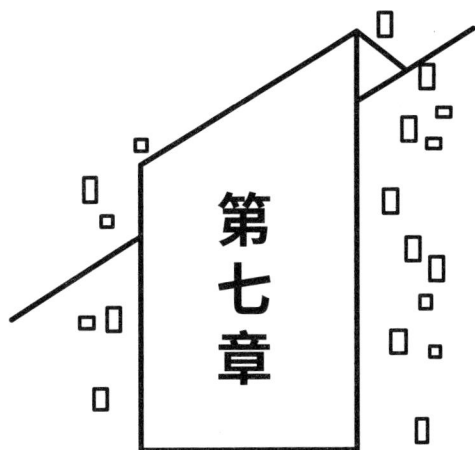

大众化发展阶段高等教育教学与科学研究

由于高校教学是高等专业教育,教育对象是身心发展趋于成熟的青年,又由于高校学生毕业后将直接进入社会各个领域就业,高等学校教学为适应这些特点,应有自己的原则、过程、与方法。另外,高等学校的科学研究对于国家科学技术和经济的发展,对于高等学校自身的发展都有着重要的作用。所以,本章主要对大众化发展阶段高等教育教学与科学研究的相关内容进行简要阐述。

第一节 高等教育教学的原则、过程及方法

一、高等教育教学的原则

在高等教育教学的全过程中,应遵循以下原则(图 7-1)。

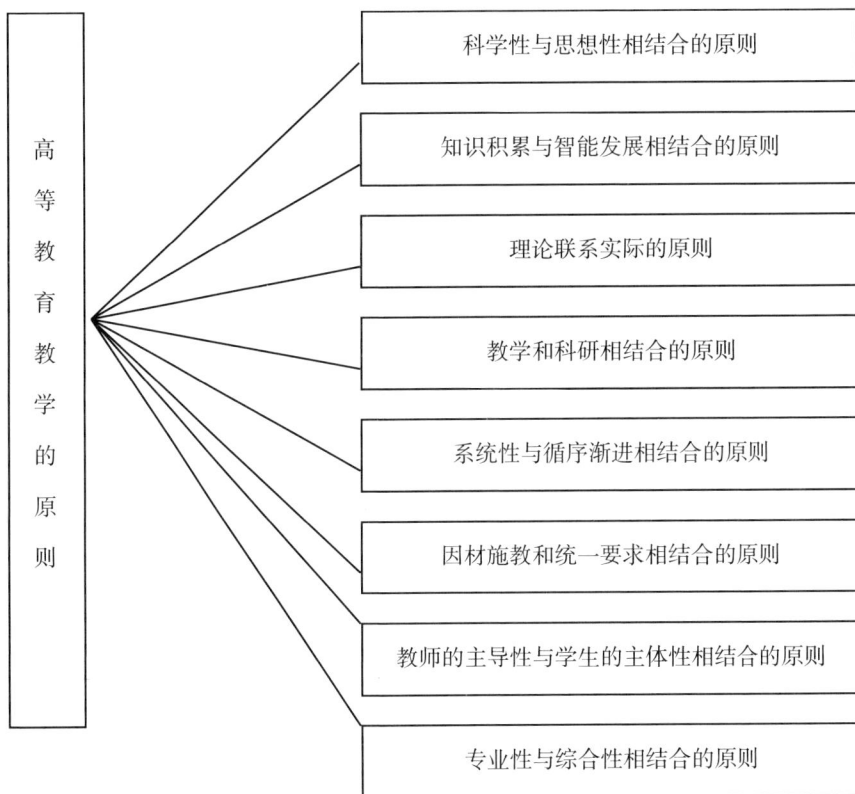

	科学性与思想性相结合的原则
	知识积累与智能发展相结合的原则
	理论联系实际的原则
高等教育教学的原则	教学和科研相结合的原则
	系统性与循序渐进相结合的原则
	因材施教和统一要求相结合的原则
	教师的主导性与学生的主体性相结合的原则
	专业性与综合性相结合的原则

图 7-1 高等教育教学的原则

(一)科学性与思想性相结合的原则

科学性与思想性相结合的原则是,在教学过程中,不仅要教给学生

准确的科学知识,培养严谨的科学态度,还要将马列主义的科学方法渗透到整个教学过程中,同时培养学生的思想道德,使知识教学与思想教育有机结合。要贯彻科学性与思想性相结合的原则,应做到以下几个方面。

第一,教师优秀的人格品质是最具感染力的教育资源之一,教师必须不断地提高自己的科学知识水平和思想方法素养,并将其融会在自己的人格特征中,才有可能在教学过程中达成科学性与思想性的完美结合。

第二,不管是基础课教师还是专业课教师都要不断注意本门学科的最新发展,尤其是对本门学科中出现的新思潮以及对今后的发展可能起重要作用的成果,要用马克思主义的世界观与方法论进行分析与评价,以培养学生的科学兴趣与科学意识以及对重大问题进行科学分析的能力。

第三,尽可能地联系现实生活中的各种问题进行教学,不但有利于引起学生的学习兴趣,而且对于培养学生实事求是地分析问题、正确地运用科学的世界观和方法论大有裨益。

(二)知识积累与智能发展相结合的原则

知识积累与智能发展相结合的原则,就是在教学中,不仅要传授学生必要的基础知识和专业知识,为学生的全面发展奠定坚实的知识基础,还要注重培养其智力和发展能力。贯彻实施知识积累与智能发展相结合的原则要注意以下几点。

第一,要重视基础知识的教学。基础知识指形成学科基本构架的基本概念及其相互之间的联系,这些知识具有比其他知识更大的学习迁移价值。因此,学生如果掌握了这些基础知识,更有利于分析问题和解决问题,更有利于智能发展。

第二,要培养学生的学习兴趣,实施启发式教学。兴趣是最好的老师,只有引导学生的兴趣才能唤起他们的学习积极性,使他们处于积极的思维状态,从而促进智能的发展。

第三,把握适当的教学内容难度,选择合适的教学方法,是有效地实施知识积累与智能发展相结合这一原则的关键。教学内容在难度上应高于学生已有的知识水平而又能使学生通过努力可以掌握。适当的难度,一方面使学生必须通过自己的积极思考与努力探索才能掌握;另一方面,学生已具有的知识水平与智能结构又能使这种思考与探索取得积极的效果,从而在知识和能力这两方面都达到一个新的高度。

（三）理论联系实际的原则

理论联系实际的原则,就是在教学过程中将理论知识的教学与实际应用相结合,培养学生运用理论知识分析和解决实际问题的能力。贯彻理论联系实际的原则要注意以下两点。

第一,要加强理论的教学,把理论知识教透、教活。

第二,要为学生把理论知识运用于解决实际问题提供机会。在高等学校,通常这样的机会可以通过三种途径获得。

一个是通过实践教学环节,如生产实习、社会调查、实验、毕业设计或毕业论文等,为学生将理论运用于实践提供机会。

二是通过一定的体制或制度,如建立教学、科研、生产联合体或产学合作的方式,或采用"工读"课程形式,使学生亲临社会生活实际情景,将理论知识与社会实践结合起来。

三是通过学科发展史的教学,展示理论形成过程,使学生认识理论是如何从实践中产生出来的。

（四）教学和科研相结合的原则

教学和科研相结合的原则是指要在教学中适当地引入科学研究,培养学生独立探索问题和进行科学研究的能力,使学生掌握科学研究的基本方法,培养科学精神和科学态度。要贯彻这条原则,必须要做到以下几点。

第一,教师要努力提高科学研究能力。科学研究对以教学为主的教师来说是非常重要的,即使是没有科研任务的基础课教师,也要根据教学需要对教学内容的重点、难点进行研究,以教学带动科研。

第二,贯彻这一原则的核心是在对学生进行科研方法的训练过程中培养学生的创造力。创造力是指对原有事物或思想进行改进或创设新事物、新思想的能力,创造力是培养科学思维方法与能力的根本目标。一个人创造能力的大小直接影响其科学研究能力,很难设想一个没有创造力的人能够在科学研究中做出成绩,在教学中不断地提出问题或引导学生自己提出问题,使他们一直处于一种积极的探索状态中,从而造成一种创造性的课堂气氛,对于培养他们的创造力具有重要的作用。

第三,努力培养学生正确的科学态度,养成良好的科学研究品德。科学态度是指科学研究中所必备的严谨求实的态度和不怕挫折地对科学的追求精神。教师在教学过程中要努力使学生认识科学的价值,以培养其对科学的兴趣与为了追求科学价值的实现而不怕困难不惜牺牲的精神,养成互相帮助、集体合作的科研风格。

第四,要把科研训练和各门课程的教学结合起来。各门课程的教学是进行科研训练经常且很有效的一条途径。离开这一途径而单纯地靠专门的科研训练很难取得良好的效果。

(五)系统性与循序渐进相结合的原则

系统性与循序渐进相结合的原则主要指在教学过程中,应将知识发生和发展的系统化与个体认知发展的逻辑顺序相结合,使教学既能保持知识的系统化,又能满足个体发展的需要,促进学生认知能力的发展。系统性与循序渐进相结合的原则是教学过程得以顺利发展的关键。要贯彻这条原则,必须要做到以下几点。

第一,要正确处理基础课、专业基础课、专业课、选修课之间的关系,使之既成系统又能够根据需要灵活地进行调整。当前我国社会主义市场经济体制的确立,要求高等教育也要从人才培养的单纯计划模式中解脱出来,以适应市场经济快速变化的需要。在课程设置上要求加强基础、拓宽专业口径,依靠选修课程来体现专门化方向。这样,一方面可以使这些课程保持适当的结构,体现出系统性的要求,另一方面又能够通过对选修课的调节及时适应市场对人才需求的变化,保持一定的灵活性。

第二,教师要认真钻研教学内容,根据学科的基本结构和学生认知结构特征进行教学。

第三,要帮助学生克服好高骛远、急于求成的心理倾向,树立求实、勤奋的学风。

(六)因材施教和统一要求相结合的原则

因材施教和统一要求相结合的原则是指有必要根据学生的个体差异进行有针对性的教学。同时,根据社会的要求和学生学习的共性,对所有学生都有一个共同的要求。要贯彻这条原则,必须要做到以下几点。

第一,应该了解学生的实际情况,根据学生的差异进行有针对性的教学。

第二,必须根据社会主义的教育目的,把尊重学生的个别差异建立在统一要求的基础上。任何社会都对高级专门人才从知识、能力、品质等方面有一个共同的"达标"要求,如果没有这样一种统一要求,因材施教也就没有意义。因此,高等学校的教学工作应该从目标的确立、教学的具体实施到其他一系列的教学环节以及课外活动,都围绕总的教学目标来进行。因此,达到共同的教学目标是因材施教的最后归宿,此即所谓"殊途同归"。

（七）教师的主导性与学生的主体性相结合的原则

教师的主导性与学生的主体性相结合的原则是指在教学过程中,在教师的指导下,充分发挥学生的主动性和积极性,使他们能够相对独立地探索和学习。这一原则是任何教学过程都必须遵守的,因为没有学生的主体性,教学过程就无法进行,而没有教师的主导作用,学生的主体性就不能充分发挥,所以二者必须相互结合。要贯彻这条原则,必须要做到以下几点。

第一,要使学生理解学习的过程,掌握正确的学习方法。

第二,运用启发式教学方法激发学生的学习兴趣,鼓励他们积极探索。

第三,要在尊重学生的基础上对学生严格要求。

（八）专业性与综合性相结合的原则

专业性与综合性相结合的原则,反映了科学高度分化、全面发展的规律,符合社会分工和一体化的需要。要贯彻这条原则,必须要做到以下几点。

第一,建立合理的知识结构与智能结构。

第二,要用系统化、整体化的观点对待每一门课程和每一种教学活动。

第三,要对学生进行专业目的性教育和职业道德教育。

以上列举了八条教学原则,这些原则彼此间是相互联系、相互制约、相互促进的。在教学过程中往往很难说某项教学活动只需贯彻某一条教学原则,某项教学成绩只是遵循了某项教学原则的结果。因此,在教学过程中应当全面地理解和实践诸项教学原则,不断地把教学工作推向前进。

二、高等教育教学的过程

高等教育教学过程有别于其他教学过程的地方有很多,大致可概括为以下几点(图7-2)。

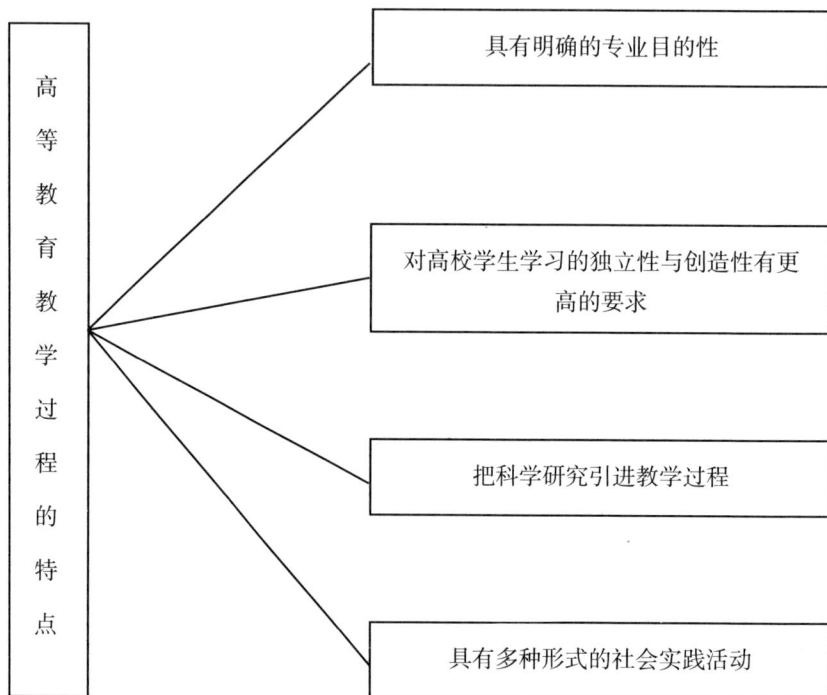

图7-2　高等教育教学过程的特点

（一）具有明确的专业目的性

高等教育是专业教育,它的专业培养目标是培养某一学科或专业的专门人才。专业培养目标、就业准备,或明或隐地制约着高等学校教学过程中师生们的心理活动,包括教师的教材编写、学生的选课等活动的动机。必须指出,近年来提倡"通才教育"或"通识教育",甚至在某些发达国家出现了没有专业性的"高等普通教育课程",要求对高校学生的培养必须使之具有较广博的知识面、较高水平的文化素养,这是完全正确的。但是高等教育,只要是分院、分系、分专业、分学科群进行教学,就具有一定的专业目的性,所不同者,只是专业口径的宽窄。大体而言,本科教育的专业口径要求较宽而专科教育的专业口径较窄。

所谓"通才教育"或"通识教育",指的是教学指导思想,而专业设置则是具体的教学组织形式。"通才教育"思想与专业设置并不矛盾。现代科学的发展是高度分化与高度综合相结合。现代产业的发展,也是高度专业与高度综合相结合。高等学校所培养的人才,既要求"专",又要求"通",要在通的基础上有所专,培养目标、教学计划、教学内容也要适应这种发展趋势而进行改革。至于如何以"通与专"相结合的教学思想指导教学实践,使高校学生的知识结构与能力结构能更好地适应社会需要,就业之后能更好地发挥作用,则应按不同专业、不同类型的人才进行具体研究。

（二）对高校学生学习的独立性与创造性有更高的要求

普通学校的教学过程也存在一定的独立性与创造性因素,也应当在可能的范围内培养学生的独立思考能力与创造能力。但在不同的学习阶段,学生学习的独立性与创造性的程度是不同的,并且从较低程度向较高程度发展,性质也起某些变化。高等学校的教学过程是一个学习与发现相结合的过程,在这个过程中,不断地促使学习向发现转化,因而高校学生的独立性与创造性进入了较高的发展阶段,并有可能接近科学家的发明创造。高校学生的创造性活动从总体上说仍属于自我发现前人已有的知识,但要逐步向发明创造接近,并且有可能提出新的见解,或有所发明,有所发现,获得某种程度的科学研究成果。

（三）把科学研究引进教学过程

普通学校的教学过程限于学生的年龄特征和知识水平,只能引导学生去认识客观世界;高等学校的教学过程则有可能也有必要把认识世界与改造世界统一起来。因此,有必要在高等学校的教学过程中引进科学研究。教学和科学研究虽然是两种不同的认识过程,但都是人类的认识活动,具有相同的心理活动因素和逻辑思维方法。发现人类已知而个体未知的知识,和发现人类尚未知的知识,对于高校学生来说,并没有绝对的鸿沟。由于高等学校的教学过程具有明确的专业目的性,要为高校学生从学习过渡到就业后的独立工作做好准备,因而有必要把科学研究的因素引进教学过程,这对于培养有创造能力的专门人才具有重要的意义。

（四）具有多种形式的社会实践活动

认识与实践一致,理论联系实践,这是各级各类学校教学过程都应遵循的原则,因而各级各类学校都应参加一定的社会实践。普通学校学生参加社会实践,只要求对社会有一般的接触,参加一些简单的生产劳动、公益劳动和社会服务,从中了解一般社会实际,培养劳动观点与劳动能力。高等教育是专业性教育,它不但要求高校学生参加一般的社会实践,还应有计划地组织他们参加专业性的调查、参观、见习、实习,使专业知识与专业实践紧密联系,培养专门的技能与能力。所以说,社会实践的多样性也是高等学校教学过程不同于普通学校教学过程的特点之一。

三、高等教育教学的方法

高等学校的教学方法从性质上说,由于其所依据的基本原理原则与普通学校教学方法一致,因而就方法自身而言,并没有什么特殊的地方。但由于高等学校实施的是专门教育,又是传授高深学问的场所,加上高校学生身心发展的特点,因而在使用教学方法的过程中就表现出一定的特殊性。这种特殊性是由高等教育不同于普通中小学教育的特点所决定的。[①]

（一）高校选择教学方法的依据

高校选择教学方法的依据主要包括以下几方面（图 7-3）。

[①]　潘懋元，王伟廉.高等教育学（3 版）[M].福州：福建教育出版社，2013.

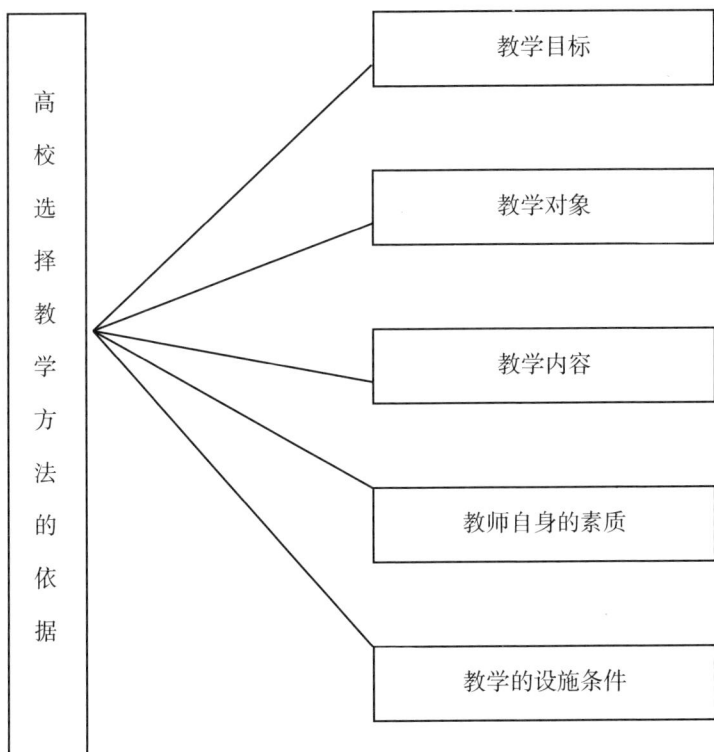

图 7-3　高校选择教学方法的依据

1. 教学目标

方法是实现目的的手段,目标要借助于方法来实现。因此,方法的选择取决于目标的需要和要求。在教学方法的选择中同样存在着这样的问题。

在高等学校的教学过程中,存在着同一个教学目标可以通过不同的教学方法来实现的情况。比如,为使学生理解"影响高等教育的内外部规律",既可以通过教师的集中讲授来完成,也可以通过学生的实地调查研究来实现,当然还可以通过教师边讲授、学生边调查的方式来完成,教师和学生可以根据实际情况做出多种选择。

2. 教学对象

选择与运用教学方法,必须充分考虑到学生的身心特点、知识水平和能力水平。

第一，要符合大学生的身心发育特点，避免空洞的、说教式的教学。

第二，教师要充分发挥学生发散思维和独创思维的优势，引导他们开阔视野，鼓励他们尽快走上独立的研究探索之路。

3. 教学内容

内容决定形式。高等学校课程多、门类复杂、教材多样，对于不同的学科、不同的课程，要采用不同的教学方法。如数理课程重于推导论证，多采用讲授法、练习法；理、化、生课程要伴以图像演示和实验操作，多采用实验法、练习法；文史课程重于观点与材料的统一和逻辑推理，要多采用社会调查、问题讨论法；工艺课程的教学要多用实习；学医的要临床见习；学农、林的要采集栽培等。这些都是由课程本身、教学内容所决定的。

4. 教师自身的素质

教学方法是由教师来选择的。教师自身的素质，特别是教师的业务素质水平、性格特征、职业道德水平等，对教学方法的选择具有重要的影响（表7-1）。

表7-1 教师自身的素质对教学方法的影响

教师自身的素质	对教学方法的影响
教师的业务素质水平	教师的业务水平主要包括教师对本学科知识领域和教育学、心理学知识的掌握水平。一般来说，业务水平高的教师，在教学方法的选择上会有更多的余地
教师的性格特征	教师的性格特征对教学方法的选择也会有一定的影响，性格比较活泼、随和的教师比较容易选择讨论式或其他比较符合大学生性格特征的教学方法；而那些个性比较严肃的教师，在使用一些气氛相对活跃的方法时，就可能会因为角色转换不成功而影响实际效果
教师的职业道德水平	在教师的自身素质中，教师的职业道德水平对教学方法的选择也有着非常重要的影响。一般来说，职业道德水平高，对教学工作认真负责的教师，会主动探索、尝试和比较各种不同教学方法的优缺点，因时因地选择不同的教学方法。职业道德水平不够高的教师，就会在教学方法的选择上不注意研究各种不同教学方法在不同情况下的运用效果

5.教学的设施条件

教学设施条件是教学方法选择的一个重要的硬件制约因素,在不同地区、不同高校,硬件设施不一样的情况下,教学方法就不可能生搬硬套。特别是一些对教学设施依赖性较强的教学方法,像计算机模拟教学、实验教学等,在硬件设施缺乏的学校就难以应用。

(二)高等学校常用的教学方法

高等学校所采用的基本教学方法大致可分为课堂教学的方法、现场教学的方法、自学指导法和科研训练法几种类别。

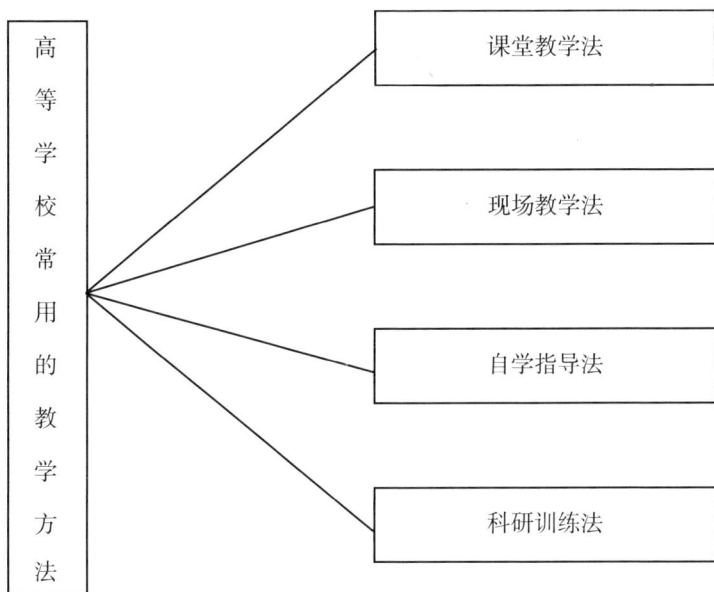

图 7-4　高等学校常用的教学方法

1.课堂教学法

课堂教学法的具体形式主要包括以下几种(图 7-5)。

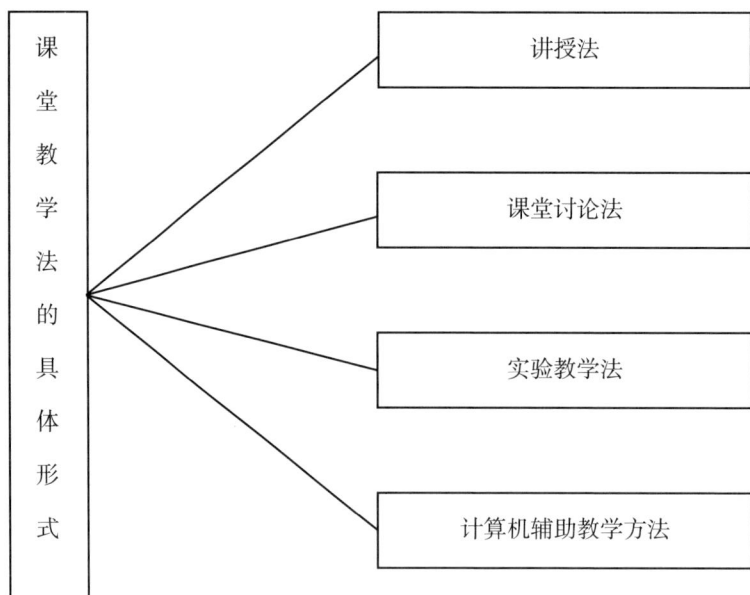

图 7-5　课堂教学法的具体形式

（1）讲授法

讲授法是教师通过口头语言表述、讲解、讲演等形式，系统地向学生传授知识的方法。[①] 运用讲授法的基本要求如下。

第一，教师要了解学生，在讲课之前教师要进行调查，要了解学生已学过的知识、学生现有水平、学生平时的思想方法等，然后围绕重点、难点组织讲授，使学生易于理解。

第二，教学内容应体现专业培养目标的要求，做到科学性与思想性的统一。

第三，教师板书内容要经过教师的精心提炼，便于学生记笔记和进行复习。

第四，教师要做到语言清晰、精练、生动形象、条理清楚、通俗易懂，音量、音速要适度，并适当配以身体语言。

第五，注意学生的反馈信息。

第六，指导学生学会听课。教师必须加强对学生听课方法的指导，引导学生善听、善思、善记，只有这样才能达到预期的效果。

————————

① 虞国庆，漆权.高等教育学 [M].南昌：江西高校出版社，2008.

（2）课堂讨论法

课堂讨论法是指以加深对所学内容的认识,辨明是非或获得新的结论为目的,把学生组织起来,激发思维,分享不同见解的教学方法。[①] 运用课堂讨论法的要求如下。

第一,为了使课堂讨论更有成效,也为了使学生在讨论时积极踊跃地发言,教师在选话题时一定要针对学生的实际,选择学生感兴趣、与实际有一定联系、有一定难度的题目。

第二,掌握讨论的组织策略。

第一步,分小组讨论。小组长负责主持,教师轮流参加各小组的讨论。

第二步,小组间辩论。在小组讨论的基础上,组织全班范围内的讨论、辩论。先是每个小组选一二名代表把本小组的讨论情况、主要观点、疑难问题向全班同学介绍,由此各小组之间有不同观点的可展开讨论辩论,这时在全班范围内可自由发言。

第三步,教师对讨论结果进行总结,为后面的讨论或其他教学活动做好准备。

（3）实验教学法

实验教学法是教师按照教学计划的要求,指导学生借助于仪器设备,经过直接实验获取知识,培养技能技巧的一种教学方法。[②]

按照高等学校教学的特点及学生在实验中独立性程度的不同,一般可将实验教学方法分为演示性实验、验证性实验和研究性实验三种类型。

（4）计算机辅助教学方法

计算机辅助教学方法是教师站在计算机旁,边操作边讲授,计算机处理并显示数字化讲义,将其内容通过投影机投射到大投影幕上。

2. 现场教学法

现场教学法的具体形式通常有参观、调查、实习等方法（图7-6）。

---

① 虞国庆, 漆权 . 高等教育学 [M].南昌：江西高校出版社,2008.
② 同上 .

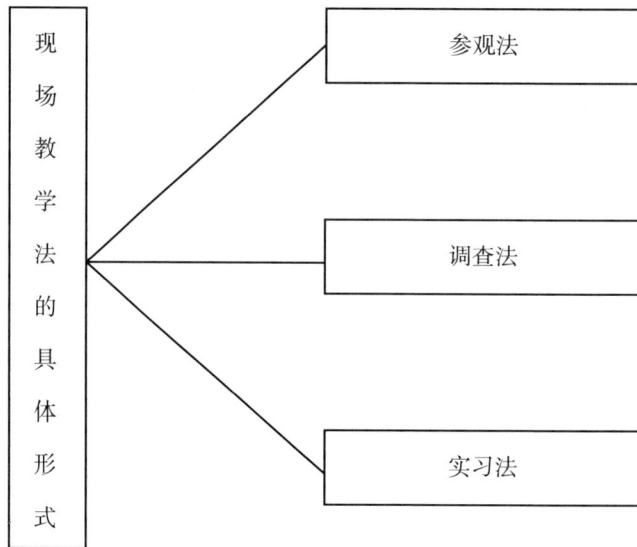

图 7-6　现场教学法的具体形式

（1）参观法

参观是教师根据教学要求组织学生到课外、校外的现场进行生动的直接观察，认识客观事物和现象，以补充和丰富课堂所获得的知识。作为教学形式之一的参观，通常是配合一门课程进行的，有时也不限于一门课程，而是配合整个专业的教学进行的。教学参观分课前进行和课后进行两种形式（表 7-2）。

表 7-2　教学参观的形式

形式	具体阐述
课前参观	课前参观的目的在于为理论知识的教学提供感性认识的基础
课后参观	课后参观的目的在于印证理论并补充和丰富课堂难以获得的知识，还有一些教学内容，通过课堂讲授或书本学习，抽象乏味，难以理解，可以移到现场，边观察边讲解，教学效果更好

参观时最好是邀请技术人员讲解，但技术人员的讲解可能不符合教学的要求，教师可做必要的补充。在参观过程中要随时注意学生的活动和反映。参观结束时，可让学生自由交换意见，提出问题，由技术人员或教师解答。应当要求每个学生在参观过程中遵守现场的有关部门规则，注意文明礼貌，并随时做好参观记录。参观后学生要写参观报告或进行

讨论,以巩固参观所获得的知识,强化参观效果。

（2）调查法

调查法是调查者有目的、有意识地运用各种科学方法和手段搜集有关事实资料,并由此进行分析研究,以探索事物本质及其发展规律的一种方法。调查法主要有观察法和访问法（表7-3）。

表7-3　调查法的种类

种类	具体阐述
观察法	观察法是深入到对象中间去,与他们共同生活,成为他们中的一员。这种方法取得的材料比较丰富、可靠,但时间较长
访问法	访问法可采用个别访问的方法,也可采用集体访问的方法,集体访问就是通常所说的开调查会。请来参加调查会的人要有代表性,人数不宜太多,调查会气氛要友好和谐。个别访问要注意礼貌,事前要说明访问目的,并约好访问时间。在调查活动中,要随时整理资料。调查结束后要进一步全面整理、分析调查材料,最后写出书面调查报告

（3）实习法

实习是指组织学生到现场从事一定的实际工作,以获得相关的实际知识和技能,它是高等学校理论联系实际的重要环节。高等学校学生在现场的实习,分为教学实习和生产实习两种类型（表7-4）。

表7-4　实习的类型

类型	具体阐述
教学实习	教学实习主要是为了配合后续课理论知识的理解,并在实习中形成初步的技能和技巧
生产实习	生产实习是在学生系统地学习了一定的专业知识之后,为综合地运用这些理论知识,学习生产技术,初步学会分析和解决一些生产技术问题的一种实践教学形式

3. 自学指导法

自学指导法是指在教师的指导下,学生自学教材和参考资料以及进行实验,并通过思考和研究而获得知识、掌握技能的一种教学方法。[①]

自学指导法从教学内容看,主要适合于学习专业课程教学中的专门问题。从教学对象看,更适合于具有强烈学习动机和学习兴趣的学生。

---

① 虞国庆,漆权.高等教育学[M].南昌:江西高校出版社,2008.

从教师素质看,教师应能够支持、鼓励并有效地指导学生的独立学习。

4.科研训练法

科研训练法的具体形式主要包括以下几种(图7-7)。

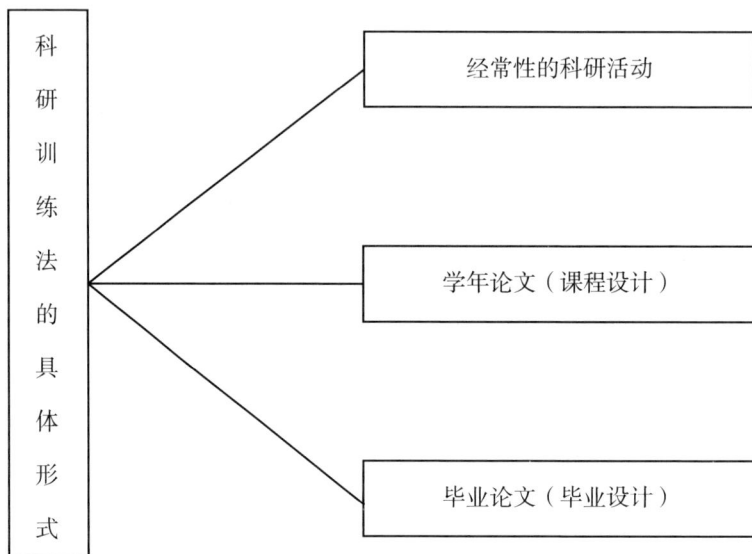

图7-7 科研训练法的具体形式

(1)经常性的科研活动

首先,在教学过程中,应结合教学任务对学生经常进行科学基础训练。如通过独立作业、实验、课堂讨论、社会调查、实习等教学环节,对学生加强查阅与整理文献资料、使用工具书、实验操作与设计、调查研究、专论业文或报告的写作等基本功的训练,使学生逐步熟悉和掌握从事学习和研究所需的一些基本的科学方法,并提高运用理论解决实际问题的能力。

其次,在课外,应注意采取多种方式吸引学生参加科研活动。

(2)学年论文(课程设计)

学年论文(课程设计)是在教师的指导下,学生运用一门或几门课程的知识来解决一些具有一定综合性的问题。学年论文(课程设计)的基本要求如下。

第一,能独立地运用理论知识和实际材料来解决问题。

第二,对参考书、文献所提供的论点和所搜集的材料有周密的组织能力。

第三,能用通顺的文字或准确的图表系统地表达研究的成果。

（3）毕业论文（毕业设计）

毕业论文（毕业设计）是在系统掌握专业知识与技术及平时科研训练的基础上,按照规范化的研究程序与方法所进行的科研活动。毕业论文（毕业设计）的要求如下。

第一,能综合运用所学知识与技术,解决较为复杂的问题,即不论是理论问题还是实际问题,都应具有一定的广度和深度,同平时作业或学年论文应有明显的区别。

第二,按照规范化的科研程序及课程所需的科研方法进行课题研究。

第三,问题的解决要有自己独立的见解与一定的创造性。

第二节　高等教育教学的组织与管理

一、高等教育教学的组织

（一）教学活动的组织形式

教学组织形式是指为完成教学任务,教师和学生按一定要求组合起来进行活动的结构方式。在不同的历史时期,教学组织形式表现出不同的类型和特点。随着社会的发展及其培养人才要求的提高而不断地发展和改进,目前采用的教学组织形式主要包括以下几种（图7-8）。

1.班级授课制

班级授课制是指学生按照大致相同的年龄和知识水平分组,教师按照课程标准规定的目标和内容,以及固定的教学时间表和相对固定的教学地点进行全班教学。班级授课制具有以下几个特点。

第一,以"班"为教学单位,学生被分配到各自固定的班级,在班集体中同步地接受教育和学习。

第二,以"课时"为教学时间单位,教师和学生在规定的课时里开展教学。每门课程每周有预定的课时数,一般根据国家规定的课时标准确定。

第三,以"课"为活动单位,教学一般分学科进行。一般每节课用于教授某一特定的学科课程。每门学科一般都依据国家规定的课程标准,规定各学年的教学内容和教学目标。同时,把教学活动划分为相对完整且互相衔接的各个教学单元。

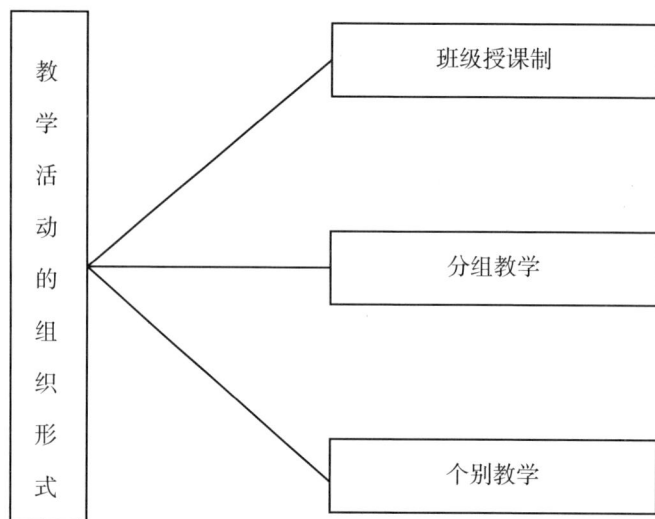

图 7-8　教学活动的组织形式

2. 分组教学

分组教学是一种教学组织形式,它根据学生的智力水平或学习成绩将学生分成不同的小组。分组教学有以下几个优点。

第一,有利于因材施教。

第二,有利于英才教育。

第三,有利于教师组织教学,提高教学质量。

但分组教学也存在不足,具体来说,主要包括以下几个方面。

第一,很难科学地鉴别学生的能力和水平。

第二,在分组教学上,学生、家长和教师的意愿常常与学校的要求相矛盾。

第三,不利于学生个性的健康发展。

由于分组教学的以上缺点,导致它的优势很难体现出来,只能作为一种辅助形式。

3. 个别教学

个别教学是教师分别对个别学生进行传授与指导的教学组织形式。个别教学最大的优点是真正意义上照顾了学生的个别差异,使学生的潜能得到充分发展,有利于因材施教,有利于培养学生的能力。但分组教学效率较低,不利于发挥教师的主导作用,不利于学生获得系统的知识技能和形成良好的认知结构,不利于学生个性的健康发展。

(二)高等学校教学的组织机构

目前,在我国的高等学校中,教学管理组织一般有主管校长领导的教学委员会及其下属机构、人员,教务处及其下属机构、人员,院(系)及教研室的教学管理机构、人员等。

分管教学的校长全面负责学校的教学管理工作,其职责主要包括以下几方面。

第一,加强教学管理的基本建设。

第二,建立全面质量管理体系。

第三,整顿与建立精干的教学管理队伍。

第四,定期征询师生对于教学工作的意见。

第五,建立必要的教学研究与信息系统。

第六,充分发挥院、系领导在教学管理中的作用等。

教学委员会及其下属的课程建设委员会、教材建设委员会等机构,主要职责是负责审定全校教学计划、专业设置,对全校教学工作提出咨询意见,并负责各类教学评价及评奖工作等。

教务处是校长和主管教学的副校长领导下的有关教学管理的主管机构,并在业务上接受教学委员会的指导。教务处的主要职责是拟定学校教学工作计划、制订教学管理的各项规章制度,并具体负责教学计划、专业建设、课程设置、教学信息处理等问题。

院(系)教学管理机构是在学校统一领导下,负责组织和实施本院(系)各专业的教学工作。

教研室是在院(系)领导下进行教学工作、开展教学研究、科学研究与师资培养工作的基层教学、科研组织。

二、高等教育教学的管理

（一）高等教育教学管理的本质

高等教育教学管理的本质是由高等教育教学管理活动内在的特殊矛盾所决定的。研究高等教育教学管理的本质，目的在于揭示高等教育教学管理活动的内在特殊矛盾，进而掌握和驾驭高等教育教学管理活动的规律。高等教育教学管理的本质就是协调高等教育系统丰富的人力资源、有限的物力资源投入与高效益地实现高等教育总目标之间的矛盾。高等教育系统的总目标是，培养高级专门人才，发展科学技术，积极、主动、全面地适应社会经济、政治、科技、文化等的发展需要。高等教育教学管理活动就是充分调动高等教育系统的人力和物力资源投入，包括教师、学生、非教学人员、资金、信息、设施设备、教学科研服务等，通过有效的计划、组织、协调、配置等管理活动，实现各级各类的分目标，从而最有效地实现高等教育系统的总目标。在高等教育教学管理活动中，上述高等教育教学管理对象能量的发挥受高等教育内部因素，如学校类别、学科性质、教师的知识能力结构与年龄结构、招生规模等的影响；受外部因素包括社会的政治体制、经济体制和经济发展水平、科技发达程度和文化基础等的影响，因此，在配置、运用高等教育系统的资源时，就必然存在个人与个人之间、个人与整体之间、系统与环境之间的矛盾，这些矛盾的存在和激化将会影响高等教育的人才培养质量。为了高效地实现高等教育系统的总目标，必然要求管理者在高等教育教学管理活动中，妥善处理和协调这些决定高等教育发展进程的矛盾，保证高等教育系统的人力和物力资源能够得到最大限度的利用。

中国特色社会主义高等教育教学管理的本质，渗透在高等教育教学管理目标、管理价值、管理职能、管理体制的各方面、各层次、各阶段，主要体现在下列关系上。

第一，社会效益和经济效益的统一。

第二，人文目标与学术目标的统一。

第三，宏观管理和自主办学的统一。

第四，党的领导和民主办学的统一。

（二）高等教育教学管理的特点

高等教育教学管理的特点主要包括以下几方面（图7-9）。

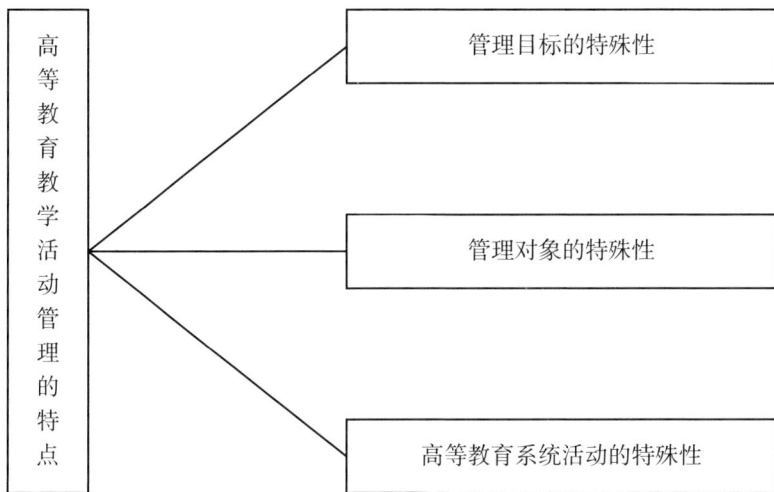

```
高等教育教学活动管理的特点 ──┬── 管理目标的特殊性
                            │
                            ├── 管理对象的特殊性
                            │
                            └── 高等教育系统活动的特殊性
```

图 7-9　高等教育教学管理的特点

1. 管理目标的特殊性

高等教育系统目标的特殊性决定了高等教育教学管理目标的特殊性。高等教育系统的目标（即培养高级专门人才）是根据高等教育规律和社会发展需求来制订的。所以，高等教育系统的管理活动也应该以高等教育的规律为指导，着眼于提高人才的培养质量，将社会效益和经济效益统一起来；不能以企业管理的模式管理高等教育，只追求经济效益，以追求利润为目的。

2. 管理对象的特殊性

（1）人的管理的特殊性

高等教育系统的主要成员——高校教师和大学生，分别代表着不同的知识群体，他们在劳动和心理活动上与其他群体有着明显的差别，对他们的管理和协调要符合其劳动和心理特点。

（2）高等教育投资的特殊性

相对于经济领域中的物质活动而言,高等教育投资的效益迟缓、滞后、回报期长,因而增加了高等教育教学管理效益的评估难度,制约着高等教育的发展规模、速度和质量。另外,它充分体现了高等教育发展规律和高等教育发展观念对高等教育发展的作用。与初等和中等教育相比较,就单位成本而言,高等教育要高得多。培养一个大学生所需费用比培养一个中学生和一个小学生的费用要高出几倍甚至十几倍,在目前高等教育经费严重不足的情况下,更加需要通过科学管理来提高经费的使用效益。

3. 高等教育系统活动的特殊性

高等教育系统的主导性活动是传授、创造知识,这就要求高等教育教学管理活动一定要以学术目标作为主导目标,与高效的学术目标相一致。教学民主和学术自由是高等学校坚持以教学为中心、有效地开展科学研究的必要条件,对学术事务不恰当的行政干预影响着广大高校教师教学科研的积极性,不利于高等教育系统总目标的实现。

(三)高等教育教学管理的任务

高等教育教学管理的任务如表 7-5 所示。

表 7-5　高等教育教学管理的任务

高等教育教学管理的任务	具体阐述
确保教学的正确方向	学校要经常组织各级领导和广大教职工认真学习,全面理解、掌握党和国家的教育及上级行政部门制订的有关政策,以确保教学的正确方向
深化教学管理改革,建立科学的教学工作体系	要根据提高国民素质的需要,在课程方案、教材内容、招生考试制度等方面进行改革;要引导和帮助教师树立正确的教学观、学生观和质量观;建立科学的教学质量评价体系,形成学校教学工作良性循环的激励机制
加强教学科研工作,促进教学科学化	做好教学研究和教改实验,引导教师进行科学研究、鼓励、支持他们更新教学内容、改革教学方法、运用新的教学手段和技术等
充分调动教师教书育人的积极性,不断提高教学质量	经常调查研究、分析教师教书育人的状况以及影响教师积极性的各种因素,客观公正地考核评估教师的业绩,建立教学优秀成果奖励制度,表彰优秀教师,通过各种方式激发教师的积极性和创造性

（四）高等教育教学管理的主要内容

高等教育教学管理的内容主要包括以下几方面（图7-10）。

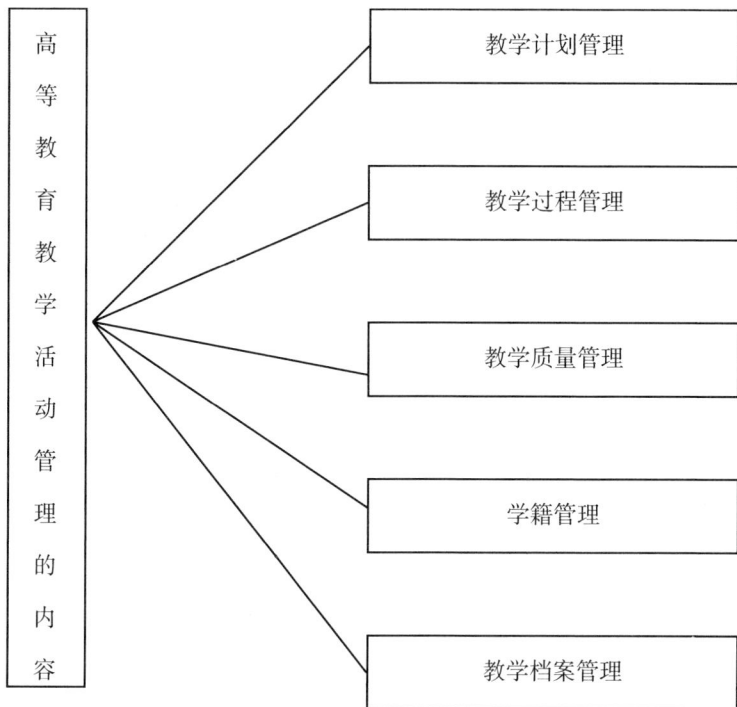

图7-10　高等教育教学管理的内容

1. 教学计划管理

教学计划管理是指为了实现教学总目标，对教学工作进行设计筹划和安排的一种管理形式，也是高等学校的管理者对教学领域中的全部工作进行设计、组织指挥、监督、控制和创新的过程。教学计划管理是稳定教学秩序、提高教学质量的重要保证。要实现教学总目标，教学工作必须有周密的计划。

2. 教学过程管理

高等学校的教学过程是一个极其复杂的过程，由此也带来了教学管理过程的复杂性。作为一个有效的教学管理者，应及时发现教学过程中的薄弱环节,采取相应的措施予以加强;应依靠各系、教研室、实验室、学生会、辅导员、教务干事、教学通信员等多种渠道,及时发现教学过程中的种种问题,并采取措施加以解决;应及时总结教学改革的经验教训,并做好教学改革和教学成果的推广与普及工作。

3. 教学质量管理

教学质量管理是高校管理的重要组成部分。它包括以下三个方面(表 7-6)。

表 7-6　教学质量管理的内容

教学质量管理的内容	具体阐述
教学质量设计	教学质量设计是制订一套在一定阶段必须达到的教学质量目标和标准,以及相关的管理和操作程序
教学质量控制	教学质量控制是衡量实际教学质量,将实际教学质量与质量标准进行比较,并采取措施处理差异的过程
教学质量改进	教学质量改进是使教学质量水平达到一个新水平的过程

4. 学籍管理

学籍管理是实施课程计划,维护学校正常的教学、工作和生活秩序,保护学生身心健康,促进学生德、智、体全面发展的重要措施。进行学籍管理,要组织学生认真学习学籍管理有关条文,深刻领会入学与注册的规定,成绩管理,休(复)学、转专业和转学的规定,留(降)级和退学处理工作,毕业、结业、肄业和学位的规定等。在实施过程中,严格按学籍管理有关规定执行。

5. 教学档案管理

教学档案管理是教学工作的信息管理。教学档案资料主要包括国家各级教育主管部门的有关文件,学校规定的教学管理文件、计划和材料,教师授课的教学档案及各种统计表册、名册等。

(五)高等教育教学管理的方法

1. 高等教育教学管理方法的层次

高等教育教学管理方法,从层次上来讲,包含三个方面的含义(表

7–7）。

表 7–7　高等教育教学管理方法的层次

高等教育教学管理方法的层次	具体阐述
高等教育教学管理的方法论	它是高等教育教学管理方法的指导思想。在我国历史唯物主义、辩证唯物主义和现代管理科学是高等教育教学管理的方法论基础
高等教育教学管理的具体操作方法	例如高等教育教学管理中的经济方法、行政的方法、行为科学方法、系统科学方法等，它们是高等教育教学管理方法的中心内容
高等教育教学管理的技术	这是侧重从定量角度实施对高等教育的管理，包括高等教育教学管理的预测技术、决策技术、规划技术、网络技术、综合评价技术

在实践上，高等教育教学管理通常是以高等教育教学管理的方法论为基础，以高等教育教学管理的具体操作方法为核心，结合高等教育教学管理的技术，将三个层次的方法贯穿于高等教育教学管理过程中。

2. 高等教育教学管理的常用方法

高等教育教学管理的常用方法包括以下几种（表 7–8）。[①]高等教育教学管理的常用方法是人们多年实践的经验总结，蕴含着许多现代管理科学理论方法的因素。在高等教育教学管理过程中，应该充分发挥常用方法的优势，坚持科学的方法论，采取多种途径，调动一切积极因素，以推动高等教育的发展。

表 7–8　高等教育教学管理的常用方法

高等教育教学管理的常用方法	具体阐述
法制的方法	法制的方法是根据国家立法机关制订的各种教育或高等教育法律、法规和条例等，实施对高等教育的管理。利用法律管理高等教育可以保证高等教育的权利不受侵害，同时督促政府、社会、高等学校依法履行自己的义务、职责，支持高等教育的稳定、健康发展

---

① 柯佑祥. 高等教育管理 [M]. 上海：华东师范大学出版社，2000.

续表

高等教育教学管理的常用方法	具体阐述
行政方法	行政方法是我国高等教育教学管理中最普遍的一种方法,是依靠各级高等教育行政机构,采用行政命令、决定、政策、指示或下达任务等手段直接管理高等教育,具有直接权威性,它能起到"令行禁止"的作用,效果非常显著。审批高等学校的设置程序、制订和实施高等教育招生计划就是一种行政管理方法。在使用行政方法时,要克服长官意志、主观唯心、脱离实际的弊端,使之符合高等教育发展的客观规律
思想政治教育的方法	思想政治教育的方法主要通过广泛深入、形式多样的思想政治工作,调动广大高等教育工作者的积极性、主动性、创造性,从而推动高等教育事业不断向前发展,具有潜移默化、春风化雨的感化功能,可以培养人的远大理想、高尚的品德和情操。这种方法掌握的难度相当大,但是如果运用得当,将会产生非常深远的影响
经济的方法	经济的方法是通过一定的经济手段调控高等教育的发展方向,激励高等教育教学管理机构、高等学校、个人努力提高办学的经济效益和办学质量。随着高等教育发展规模的日益扩大,国家、社会、个人对高等教育的投资不断增加,经济的方法在高等教育教学管理中发挥着越来越重要的作用。目前我国高等教育中推行的"跨世纪重点大学建设项目""高等学校文科基地建设",各高校"特聘教授""师范教育基金"的高等学校预算管理模式等,就是经济方法在高等教育教学管理中的具体运用
咨询的方法	在行政决策之前,充分发挥专、兼职高等教育研究人员的参谋咨询作用,通过在理论上对高等教育实际问题的探讨,分析比较,提出较为科学的行动方案,为行政决策提供可行性依据。国家在制订高等教育发展计划、改革高等教育教学管理体制、高等学校专业设置等方面就采取了咨询的方法,吸收了部分专家的意见和研究成果,使高等教育教学管理更具科学性和艺术性,更富有成效

第三节 高等学校的科学研究

高等学校的科学研究是指高等学校在人文、社会、自然科学等领域所进行的旨在探究真理的创造性活动。①

一、高等学校科学研究的任务

高等学校科学研究的任务如图 7-11 所示。

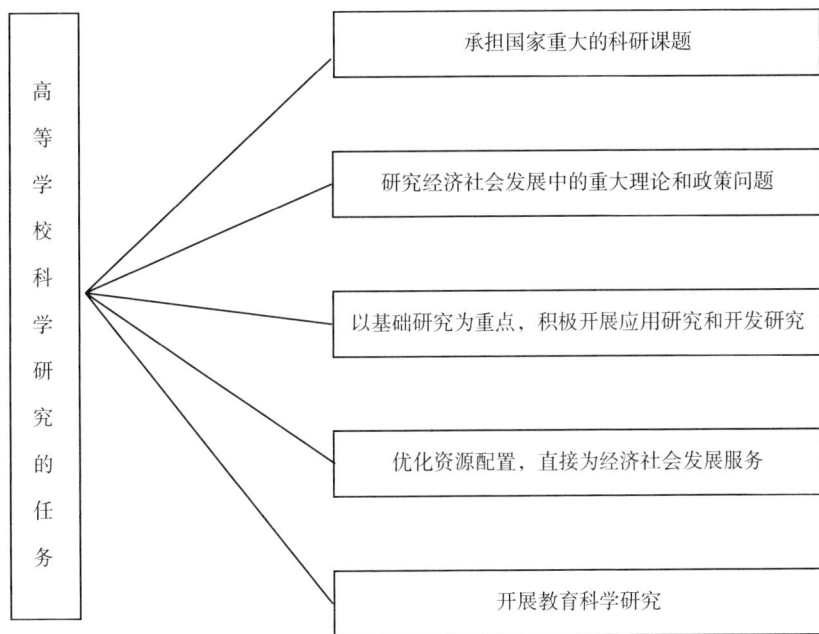

图 7-11 高等学校科学研究的任务

---

① 宋友荔，饶玲.高等教育学 [M].南昌：江西高校出版社，2011.

（一）承担国家重大的科研课题

高等学校应积极参与国家科技发展规划的设计、研制工作,主动承担国家建设中一些关键项目的攻关课题,以维护和巩固、拓展其作为国家科技体系主力之一的地位。

（二）研究经济社会发展中的重大理论和政策问题

高等学校应通过积极承担国家经济社会发展中各个领域的政策研究、对策研究、问题研究和成因研究,发挥政策咨询服务职能,从而促进社会科学理论与现代化建设有机地结合,加速各类决策的科学化、民主化进程。

（三）以基础研究为重点,积极开展应用研究和开发研究

高等学校有从事基础研究的优势并积累了丰富的经验,应重点解决未来经济社会发展中的基础理论和技术问题,创立新技术和方法,支持自然学科和社会学科的健康发展。高等学校的基础研究任务不仅包括自然科学技术方面,而且包括社会科学基础研究。同时,为了更有效地服务于两个文明建设和社会进步,高校还应积极地进行应用研究和开发研究,着眼于生产建设中亟须解决的研究课题,在实践的基础上从理论上加以提高,进一步促进和推动社会经济发展。只有这样,才能把高校建设成基础学科、应用学科和技术学科的重要研究基地。

（四）优化资源配置,直接为经济社会发展服务

为适应经济、科技和高等教育的发展趋势,高校必须克服教育、科研、生产相脱节与工作过于分散、低水平重复的"小科学"状态,坚持做到产学研结合、多学科研究结合。高校在生产知识的同时,还要不断创新技术、传播与应用知识技术。一方面在企业建立教育科研实践基地,一方面开放校门允许企业在高校建立研究机构,促使科技成果向现实生产力转化、向企业转移。

（五）开展教育科学研究

高等学校既是教学活动的中心,也应是科学研究的中心,必须研究

诸如教育与政治、教育与经济的关系，人才需求的预测，教育体制与结构的调整，学校管理，实施素质教育等许多教育方面的重大课题，总结新中国成立以来的教育实践，逐步形成具有中国特色的社会主义教育体系。

二、高等学校科学研究的作用

高等学校的科学研究具有重要的作用，概括来说主要包括以下几方面（图 7-12）。

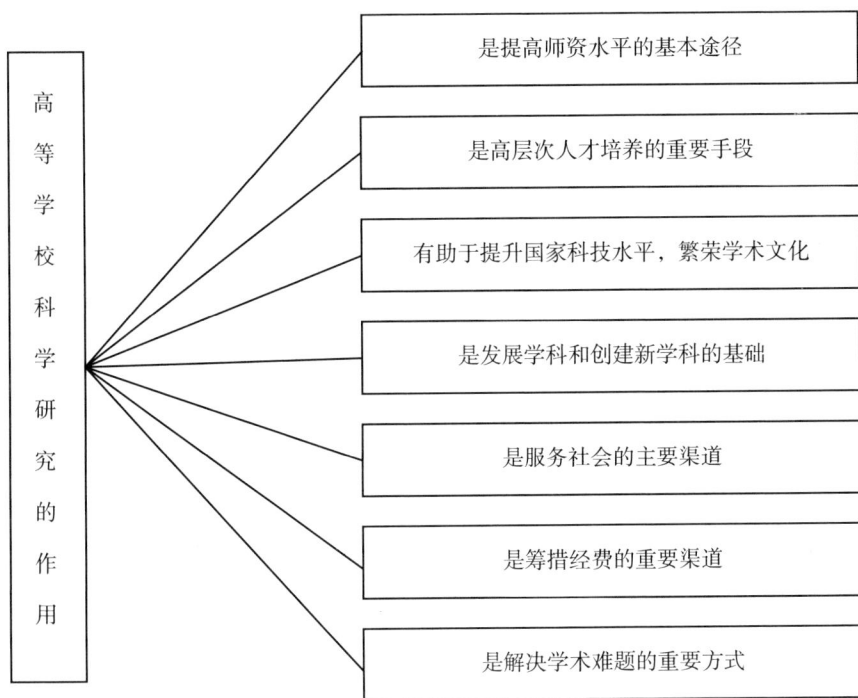

图 7-12　高等学校科学研究的作用

（一）是提高师资水平的基本途径

高等学校的科学研究是提高教师综合素质和科技水平的重要途径。在知识更新加速、信息传播全球化的现代社会，一名高校教师只有通过科研活动，长期保持创新的活力，才能深刻地了解当前社会对高校的动态需求，全面地把握本学科的国内外发展趋势，走在时代的前列。通常来说,科研上出色的教师在教学中也比较优秀,这一事实表明科研与教学之间存在着普遍的联系。当然,人各有专长、各有喜好,有些教师科学研究能力强一些,有些教师教学能力强一些,这也在情理之中。但是,一个教学能力强的教师如果能保持着对本学科前沿的关注,在教书育人的同时不放松科学研究,那么他便会成为更优秀的教师,而不是相反。

(二)是高层次人才培养的重要手段

高等学校的科学研究是拓展学生思维、培养学生创新能力的重要手段,这主要表现在以下几方面。

第一,把科学研究引入大学教学过程,能够在较大程度上激发学生的主观能动性和创造力。

第二,科学研究有利于扩大学生知识面,建立合理的知识结构。

第三,科学研究能满足大学高层次的心理需要,增强他们敢于创新的信心。

同时,学生参加科学研究,进行构思、计划、设计、试验、分析、综合、概括等,能锻炼学生的自学能力和独立工作能力。

(三)有助于提升国家科技水平,繁荣学术文化

高校科学研究的地位与作用随时代的发展不断提高。传统的大学基本上是传授知识、培育人才的场所。自 19 世纪初洪堡创建柏林大学开始,大学就具有科学研究的传统。进入 20 世纪以后,高校科学研究的地位和作用更为突出,不少国家把办好一批先进大学作为一项基本国策。目前,高等学校在我国重大科技计划中占有重要地位,已成为科教兴国的强大生力军。

(四)是发展学科和创建新学科的基础

我国高等学校中现有学科基本上都是在前人科研成果的基础上总结概括而成的理论体系,随着社会的发展、科技进步以及研究成果大量涌现,新学科还将持续不断地产生,新学科产生的基础是科学研究。一所高校,不开展科学研究,不开拓新的研究领域,难以达到较高的学术水平。

（五）是服务社会的主要渠道

高校的科学研究课题常常来自社会生产和生活各个方面的需要,在确定过程中也往往与社会各类单位联合进行,其研究成果也能很快应用于生产和生活的各个领域,从而产生巨大的经济效益和社会效益。任何一所高校都是通过科研成果的转化来为社会服务的。

（六）是筹措经费的重要渠道

对于高校本身来说,科学研究是一个自主筹措资金的重要渠道。

第一,承担各种课题、科研项目会有各种基金的资助。

第二,依托高校的科学研究创办的各种高新技术企业也为高校缓解了经费紧张之急。

第三,各国政府都在不断加大对高校科研和开发的资金投入。

第四,在多渠道筹措办学经费的今天,各高校经费的一个很大来源是社会赞助。如果高校没有卓著的科研成果,就不能吸引到足够多的社会赞助。

（七）是解决学术难题的重要方式

国际上的不少学术难题都是通过高校的科学研究而解决的。

一方面,高等学校由于学科门类多,有利于不同学科领域的相互渗透,在一些跨学科的重大课题的研究方面具有优势,特别是那些综合性基础研究课题更是高校科研所擅长的。

另一方面,高校是智力高度密集的场所,有利于各种信息资源的交流与共享,同时,近年来校际乃至国际间的教育、学术和文化交流逐步扩大,高校易于形成良好的学术环境,这种环境有利于国际性重大学术难题的解决。

第八章

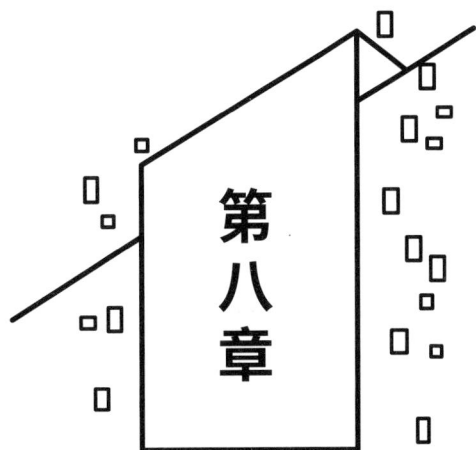

大众化发展阶段高等教育社会服务职能研究

随着社会经济的快速发展,高校成为社会发展与进步的动力站,其社会服务职能的发挥与社会发展的进步有密切关系。本章即对大众化发展阶段高等教育社会服务职能的相关知识进行简要阐述。

第一节　高等教育社会服务概述

一、高等教育社会服务的概念

对于高等教育社会服务,目前还没有统一定义,甚至没有比较准确的内容。对此,我们试图从以下两个方面去理解这一概念。

（一）从办学理念上理解高校的社会服务

从办学理念上理解社会服务主要是基于对高校发展历程认识,从这种意义上来说,高校的社会服务是相对于大学为教学而教学、为学术而学术的办学理念而提出的。因为在此之前,"大学自治""学术自由"等理念已经把高校带进了远离尘世的另一个境界。不管是以纽曼为代表的单一人才培养职能,还是洪堡主张的教学科研并重,他们都认为大学的职能应该是"为知识而知识""研究高深学问"。正是在这些理念基础上,"威斯康星精神"提出了大学要直接服务社会,这种精神的核心在于改变以往大学的自我封闭状态,更加直接地拉近了大学与社会的距离。我们可以把这种理解称为广义的高等教育社会服务。

（二）从产品性质上理解高校的社会服务

对于高等教育社会服务的另一种理解是从高校提供生产服务产品的性质上而言。一般认为,教学和科研属于外部性强、社会效益明显的活动,只有确保其职业性质,才能保证教育的基本功能。因此,社会服务应该是在高校教学科研之外开展的生产服务活动。此活动的目的是充分利用和发挥高校的知识和科研优势,并通过这些优势像其他社会组织一样直接为社会提供服务。显然,这种社会服务属于狭义的高等教育社会服务。它不同于高校的教学和科研活动,其经济性质也不同于教学和科研。运营模式按照市场化原则进行。

二、高等教育社会服务的特点

当今高等教育社会服务职能发展变化的主要特点有以下几方面（图8-1）。

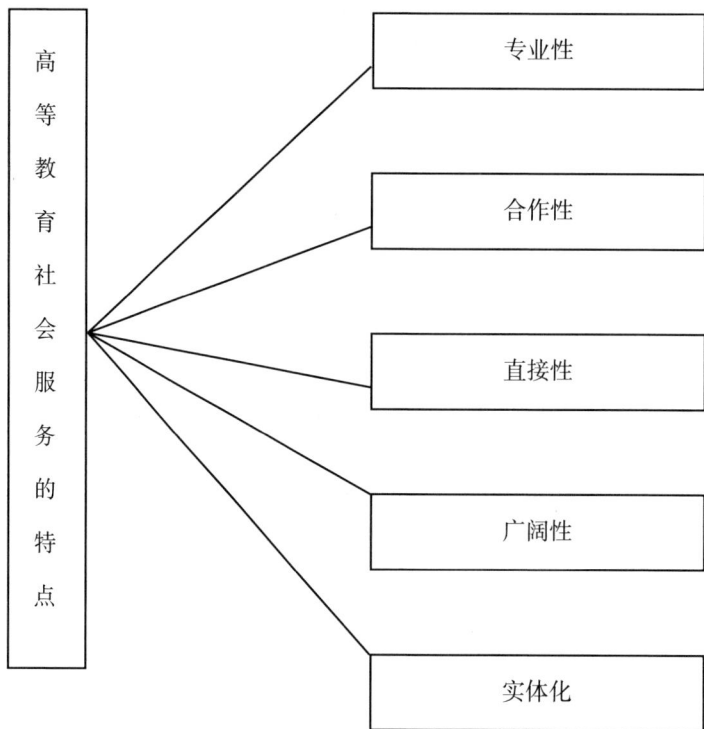

图 8-1 高等教育社会服务的特点

（一）专业性

社会服务是一种利用高校的优势和教师的学识为社会提供的专业服务，知识含量越高，可替代性越低，社会价值越高。

（二）合作性

高等学校在向社会提供服务的同时，社会也在各方面支持高等学校发展。

（三）直接性

现在,许多高校还通过产学研、政产学等形式直接参与科技成果转化工作。

（四）广阔性

高等教育社会服务不仅为本地区、为本国服务,甚至还参与国际事务,为世界和全人类服务,诸如环保、裁军等国际性问题。

（五）实体化

社会服务是利用自身优势和社会有关部门合作或单独成立联合体,通过其运行实现高等教育社会服务正常化、规范化,如科技工业园区、服务中心、咨询中心都属于这一类。

三、高等教育社会服务的原则

根据社会发展需要、科教发展趋势和高等学校特点,高等教育社会服务在实际工作中应当遵循下列原则(图 8-2)。

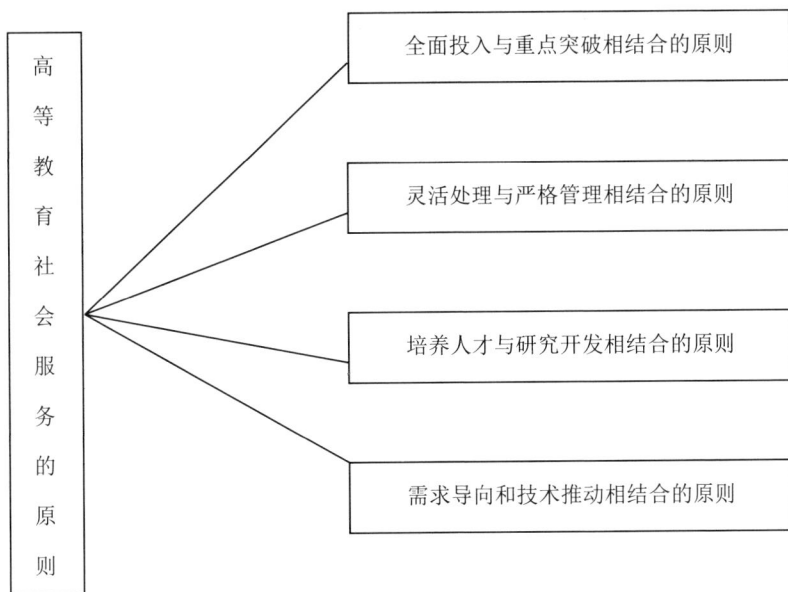

图 8-2　高等教育社会服务的原则

（一）全面投入与重点突破相结合的原则

高校要进一步增强为经济社会发展服务的意识,充分利用学科比较齐全、专业人才众多的有利条件,调动教师积极投入经济建设和社会发展的各个领域,尽自己的最大努力为各行各业的发展提供专业服务。同时,要围绕经济建设和社会发展中急需解决的难点、热点和关键问题,选择一些重大、关键问题,组织优势力量实施重点突破,取得引领社会不断发展的重大成果。

（二）灵活处理与严格管理相结合的原则

高校要从实际出发,依托各自学科优势,扬长避短,因材施教。服务的广度和深度以及服务的具体方式和内容,应根据不同的地区、学校、学科和专业而有所不同,不应一刀切。

（三）培养人才与研究开发相结合的原则

人是科学技术的载体,是生产力发展中最活跃的因素。高校不仅要把人与研发工作结合起来,为各行各业培养具有一定科学技术文化知识和能力的新型力量,还要肩负起在职人才培养和进修的任务。要通过人才培养和人才交流,促进科研成果更快地转化为现实生产力。

（四）需求导向和技术推动相结合的原则

高等教育社会服务要以市场为导向,把科技力量投入经济社会发展服务的主战场;要远近兼顾,合理部署,注重从基础研究和高技术研究中开拓新的生产应用领域,把基础研究与应用研究有机地结合起来,既要重视创新,也要重视推广应用,努力提高成果转化率,以便更有效地促进产业技术进步。

第二节　高等教育社会服务的内容与意义

一、高等教育社会服务的内容

从中国高等教育职能的演变可以看出,高等教育社会服务的内容既可以按照服务的面向来分,也可以按照社会系统来分。

（一）按照服务的面向来划分

按照服务的面向来分,高等教育社会服务的内容主要包括以下几个方面（表 8-1）。

表 8-1　按照服务的面向划分高等教育社会服务的内容

内容	具体阐述
为国家的需求服务	不同时期国家对高校的需求是不一样的,不同的国家对高校的需求也有区别,同一国家对不同类型的高校需求也是不一样的。为社会主义建设服务是我国高校的教育方针,也是国家对高校的基本要求,这是我国高校存在的政治哲学基础。结合国家需求,选择和训练人才有助于国家政策的推行,培养社会主义现代化的建设者和接班人是党和国家赋予高校的最重要职能
为地方政府服务	目前,地方高校为地方政府服务主要体现在两个方面。 第一,高校作为学术机构,成为地方政府的智囊团,可以为地方政府提供政策咨询与相关调研分析。 第二,为社会主义政治服务,高校的师生可以发挥宣讲党的政策、方针,传播改革的理念的作用。根据党和地方政府的需要,采取定期、不定期的方式培训各级干部和公务员。大学对消除所在区域城乡居民的愚昧和贫困负有不可推卸的责任。 总体上来说,地方高校为地方政府服务的方式和途径需要不断拓展
为区域经济建设服务	各级各类高校根据自己的服务面向,依据当地经济和社会发展需要积极调整专业设置,大力发展应用性学科,以适应地方产业发展方向,更好地为区域经济建设服务

续表

内容	具体阐述
为企业服务	大学对企业的直接服务是高等教育社会服务的主要内容,通过产学研合作、联合办学、创建科技园区、技术推广与技术转让、培训企业员工、科技咨询等途径实现。地方高校主要是为地方中小企业服务,一是通过校企合作,培养实用人才,培训企业员工。二是科技服务,成立工程技术中心,为企业创新服务。三是开放高校实验室、图书馆,为企业提供各种信息咨询服务
为社区公益服务	高校为所在社区服务,一是社区人才培养方面。地方高校应当注意所在社区对人才规格的要求,通过设置专业和专业方向调整,培养有竞争力且符合社区需求的人才。二是资源共享方面。高校的图书馆、体育馆场、文化娱乐设施都应当向社区开放,为提高社区居民幸福服务。三是公益援助。高校通过开展各类无偿服务来丰富居民的生活,提高居民的人文修养和综合素质

（二）按照社会系统来分

按照社会系统来分,高等教育社会服务的内容主要包括以下几个方面（表 8-2）。

表 8-2　按照社会系统来划分高等教育社会服务的内容

内容	具体阐述
政治服务	高等教育法规定,高等教育必须贯彻国家教育方针,为社会主义现代化建设服务,与生产劳动相结合,使受教育者成为德、智、体全面发展的社会主义事业的建设者和接班人。高校为社会主义政治服务,主要体现在培养接班人上面
经济服务	高等教育为经济服务的内容主要体现在以下几方面。 第一,为所在的城市提高综合竞争力。 第二,为农村的经济发展提供全方位的服务。 第三,推动社会中的各种力量为消除所在区域的城乡贫困做出应有的贡献
科技服务	地方高校的科技服务是为区域社会经济服务的重要内容。科技服务的内容主要包括以下几方面。 第一,技术指导、技术推广与技术转让。 第二,产、学、研、官四方面各种方式联合和合作。 第三,信息服务
教育服务	教育服务表现在职业技术教育、基础教育和继续教育三个领域。服务方式通过为基础教育和职业技术教育培养师资、进行合作研究、帮助城市建立完善的再就业培训体系、提供信息咨询等。地方高校要在建设创新型、学习型城市方面发挥主导作用

续表

内容	具体阐述
文化服务	文化服务是指地方高校所拥有的文化优势直接为地方服务,表现在五个方面。 第一,培养、引进文化类专业人才,为文化建设源源不断地输送合格的建设人才。 第二,开展文化的发掘和研究,提高地方文化研究水平。 第三,助推文化产业的发展。 第四,加强地方文化的交流传播。 第五,为城乡社区文化建设服务

二、高等教育社会服务的意义

高等学校是社会的有机组成部分,高等学校的发展离不开社会的支持。同样,高等学校有义务也有能力在培养大学生之外,反哺社会、为社会做贡献。概括来说,高等教育社会服务的意义主要包括以下几方面(图 8-3)。

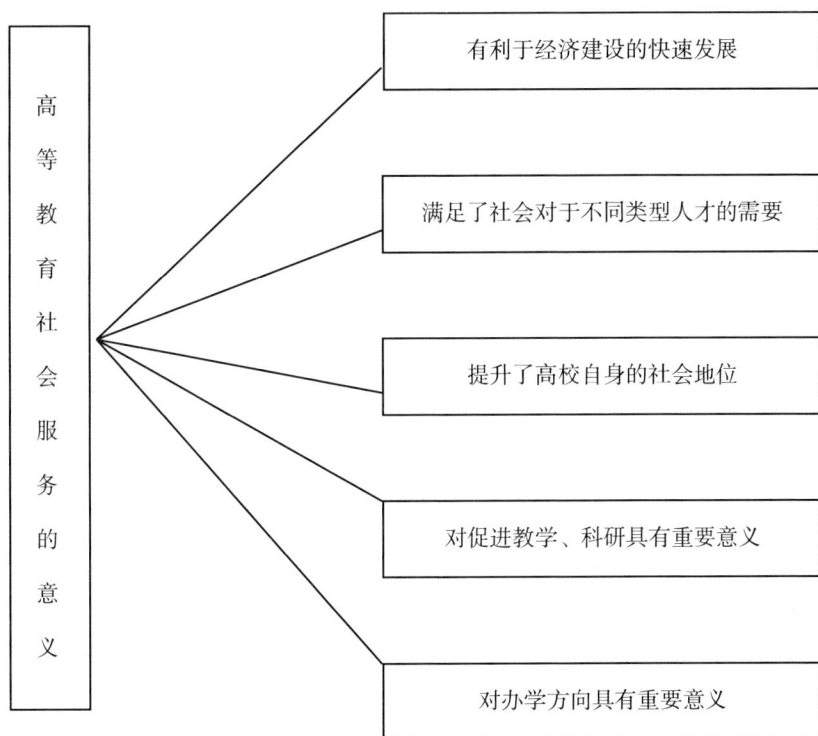

图 8-3　高等教育社会服务的特点

（一）高等教育社会服务有利于经济建设的快速发展

高等学校科研工作应为企业提供技术服务，提高企业消化吸收科技成果的能力，有利加快高校科技成果向生产力转化步伐。产学研结合使学校"过剩"的科技成果和技术力量有了发挥作用的场所。高等学校直接为生产力发展服务的职能一个重要内涵就是高校利用人才和技术密集的优势，面向经济建设开展科学研究，将成果转化为生产力，造福于社会。

（二）高等教育社会服务满足了社会对于不同类型人才的需要

高等教育适应社会多层次需要的多种培养模式能够适应社会需要的发展。社会服务职能使高校更加注重其专业和课程设置的灵活性，为了适应社会发展，高校需要建立多种专业和课程设置及其宽进严出的机制，客观上推动了高校自身的发展。

（三）高等教育社会服务提升了高校自身的社会地位

高校通过直接面向社会开展业务活动，通过接受咨询、主动参与咨询，或者采用各种言论出版平台等方式为政府、企业和社会提供服务。通过利用高校图书馆、体育场馆等设施，大学生可以广泛参与实践服务，发挥高校对社会的渗透和公众的凝聚力。比如各高校专家学者直接参与政府决策咨询，举办各种论坛和研讨会等，这些活动都有助于提高学校知名度，提高高校的社会地位。

（四）高等教育社会服务对促进教学、科研具有重要意义

随着大学由社会的边缘走向社会中心，成为社会的轴心机构，大学自身也不可避免地要在教学和课程等一系列问题上加以变革，以加强自己的应变能力。服务社会是了解社会需求、洞察社会发展趋势的途径和窗口。高等学校可以根据在服务社会中所分析和反映出的状况，适当地调整专业方向，更新教学内容和方法，调整科学研究的内容和方法，以便更好地为社会主义建设服务。无论对于教师还是学生而言，服务社会都意味着理论联系实际，意味着不能为学问而学问，这在一定程度上促进了应用性研究的开展和科研成果的转化。

（五）高等教育社会服务对办学方向具有重要意义

我国高等教育一直有着为社会主义建设服务的方针和理论联系实际的学风。社会主义的办学方向正是高等学校发挥为社会服务的职能所要坚持的原则。也就是说，为社会服务是对社会主义办学方向的弘扬。高等学校为社会服务应当着眼于服务，以社会效益为主，并在服务中培养服务精神，提高教育质量。在此前提下，适当收取一定报酬作为劳务所得。但是，无论何时，获利都不是先决条件，金钱也不是追求目的。因为如果这样，就违背了为社会主义现代化建设服务的宗旨和社会主义的办学方向。

第三节　高等教育社会服务的形式与管理

一、高等教育社会服务的形式

高等教育社会服务的形式是随着时代的发展而不断变化的，不同类型高校社会服务的形式也不同。

将中国高等教育社会服务的范围和内容放在国际和历史的大背景下，可以看出中国高等教育社会服务职能的发挥是通过两种不同的形式进行的。

第一种是学校作为一个社会服务机构，尽自己的本分，为国家培养专门人才。

第二种是应用知识的学术性服务，即把学科和理论与周围的现实世界联系起来。

第一种形式是大学作为一个学术机构，履行自己对社会的义务和责任，是较为传统的服务观念。第二种形式才是社会服务的中心内容。

高校的社会服务既是教学和科研职能的延伸，也是一个独立职能，它的职能发挥有赖于教学和科研职能，但又是由不同的、相对独立的部门来实施的。通常来说，高等教育社会服务的形式主要包括以下几种（图8-4）。

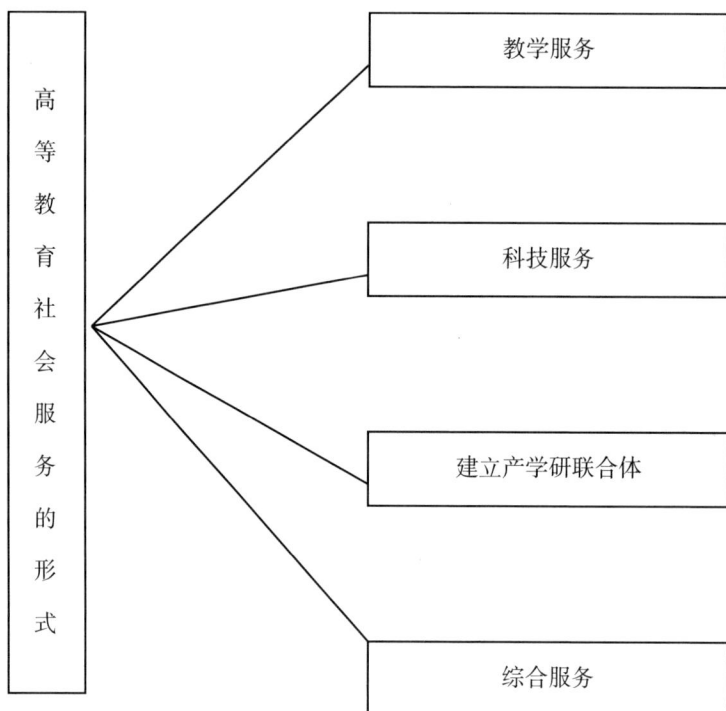

图 8-4 高等教育社会服务的形式

（一）教学服务

教学服务包括成人教育、委托培养、各种培训、联合办学。这种服务在现实中由独立的部门承担，即"继续教育学院"或"成人教育学院"，和高校的教学、科研是互不相干的。

（二）科技服务

科技服务包括参与国家和地方科研项目、科研成果转化、实用技术开发、技术推广和科技咨询服务，以及在政府部门工作的科研人员。

（三）建立产学研联合体

产学研联合体即教学、科研和生产相结合，是以人才、智力、科学研究和技术为要素的大学和科研机构，以资金和设备为要素的产业实体，在科学研究、技术开发、技术应用等方面共同开展实质性合作等。主要形式有产学合作教育、共建工程研发中心、大学科技园和企业博士后工作站等。

（四）综合服务

综合服务包括教师和学生兼职服务，附属医院、各种事务所评估咨询服务，图书馆、体育场所和其他设施服务，通过各种方式参政议政，以及大学生的各种校外实践活动等。

二、高等教育社会服务的管理

（一）社会（政府）对高等教育社会服务的管理

社会（政府）对高等教育社会服务的管理主要包括以下几方面（表8-3）。

表 8-3 社会（政府）对高等教育社会服务的管理

社会（政府）对高等教育社会服务的管理	具体阐述
政策支持	国家和教育主管部门的政策是高等学校为社会服务的基本依据。我国政府对高校服务职能的发挥给予了政策上的肯定和鼓励
法律保障和约束	这里所指的法律指包括国家基本大法和《高等教育法》在内的所有相关法律。高等学校服务社会的活动首先必须在国家基本法律的范围内进行。《高等教育法》则是高等学校为社会服务的直接法律依据。事实上，国家关于教育发展的主要政策也常常以法律的形式巩固下来。这些法律法规在一定程度上保证了高等学校为社会提供教学服务的质量，对服务行为进行了有益的约束
资金鼓励	在高等学校服务社会的问题上，法律和政策的支持是主要的，但有时也需要资金上的援助。例如，社会对大学生创业和创业教育的资金支持就为很多大学生直接创办企业服务社会提供了机遇。国家和地方政府在大学科技园和高新技术产业开发区中的大量资金投入也造就了许多高等学校带动地方经济发展的典型

（二）高等教育社会服务过程中的自我管理

高等教育社会服务过程中的自我管理主要包括以下内容（表8-4）。

表8-4　高等教育社会服务过程中的自我管理

高等教育社会服务过程中的自我管理	具体阐述
强调校长的职业素质	从2001年清华校长职业化研修中心建立伊始，我国高教界掀起了校长职业化的浪潮。清华校长职业化研修中心确定了"教育智慧与经济智慧互动，教育规律与经济整合"的研修指导思想，提出跳出教育看教育，融经济理念于教育理念之中，提倡用经济视野前瞻教育发展，用经济分析方法解读教育问题。中心的三个教学模块旨在培养校长的教育管理、教育经营和教学科研的能力。这里所强调的经营能力，正是高校为社会服务过程中校长必备的素质，也是目前很多校长欠缺的。所以，加快校长的职业化进程，加强校长的职业素质尤其是经济意识和经营能力对高校充分履行为社会服务职能具有非常重大的意义。这也是高等学校服务社会的自我管理中的一项重要内容
加强服务人员的队伍建设	随着产学研一体化的发展和高新技术产业的兴起，越来越多的高校专职教师直接服务于社会，服务型员工中存在的一些问题也急需解决，如服务人员的人员配置、质量、职称和待遇等问题。只有解决这些问题，高校才能具备一支稳定、强大的服务队伍，从而保证服务社会工作的高效率
统筹安排服务活动	高校有多种形式的职能部门来管理社会服务。但是，无论以何种形式，这些职能部门都应该由主管社会服务的校长领导，其职能基本相同，即制订工作计划、规章制度和具体方法，调动学校各部门的积极性，促进各方面工作的开展，协调各种关系，处理社会服务过程中的紧迫问题
建立服务行为的激励机制	高校在对教学和科研方面有突出贡献的教师进行奖励的同时，对那些在为社会服务过程中为社会和学校创造了显著经济效益和社会效益的教职员工也要给予各项物质和精神奖励。当然，在培养人才、发展科学和为社会服务这三项职能中，其重要性的大小是不一样的，培养人才是学校最根本的使命。所以，在对服务进行奖励时必须把握好度，不能因此而挫伤教学和科研人员的积极性

参考文献

[1] 刘雅静,孙世明.高等教育理论与实践 [M].济南:山东大学出版社,2005.

[2] 高等教育学编写组.高等教育学 [M].西安:西北大学出版社,2010.

[3] 潘懋元.中国高等教育大众化的结构与体系 [M].广州:广东高等教育出版社,2009.

[4] 潘懋元,国家教育委员会人事司.新编高等教育学 [M].北京:北京师范大学出版社,1996.

[5] 潘懋元,吴丽卿,黄锦汉等.新编高等教育学 [M].北京:北京师范大学出版社,2009.

[6] 谢安邦.高等教育学 [M].北京:高等教育出版社,1999.

[7] 吴秋凤,徐建华,吕彬江.当代高等教育学 [M].哈尔滨:黑龙江教育出版社,2007.

[8] 侯怀银.高等教育学 [M].太原:山西人民出版社,2007.

[9] 戚万学.高等教育学 [M].济南:山东大学出版社,2008.

[10] 孙杰,张济荣.高校教学管理创新与探索 [M].开封:河南大学出版社,2003.

[11] 薛天祥.高等教育学 [M].桂林:广西师范大学出版社,2001.

[12] 程金林,吴斌.高等教育人本管理概论 [M].长沙:中南大学出版社,2005.

[13] 潘懋元.现代高等教育思想的演变:从 20 世纪至 21 世纪初期 [M].广州:广东高等教育出版社,2008.

[14] 钟玉海,王守恒,朱家存.高等教育学 [M].合肥:合肥工业大学

出版社,2005.

[15] 樊常宝. 思想政治教育 [M]. 北京：北京理工大学出版社,2017.

[16] 黄光云. 当代大学生成才与教育 [M]. 南宁：广西科学技术出版社,2003.

[17] 梁玉,齐长立. 现代教育理论 [M]. 北京：中国传媒大学出版社,2011.

[18] 任光萍. 教育科学实践与研究 [M]. 长春：吉林人民出版社,2020.

[19] 王玉杰. 大学生心理健康 [M]. 北京：北京工业大学出版社,2018.

[20] 傅树京. 高等教育学 [M]. 北京：首都师范大学出版社,2007.

[21] 齐斯文,贺一明,吴迪. 大学生心理健康 [M]. 长春：吉林出版集团股份有限公司,2018.

[22] 王志彦,李朝辉,王帅. 高等教育学[M]. 北京：高等教育出版社,2019.

[23] 张冬梅,谷丹. 大学生心理健康教育 [M]. 北京：北京邮电大学出版社,2018.

[24] 李化树. 论高等教育的可持续发展 [J]. 教育研究,1998（5）.

[25] 陈庆林. 高校人才培养工作应坚持的原则 [J]. 安徽工业大学学报(社会科学版),2006（2）.

[26] 张伟,李雪. 浅谈地方高校师资队伍建设的路径 [J]. 人力资源管理,2016（5）.

[27] 武晓艳. 试析我国高校教师评价 [J]. 社科纵横,2005（1）.

[28] 刘云生. 走向研究型教师 [J]. 河北教育,2002（5）.

[29] 周光迅. 高等教育功能创新论 [J]. 教育发展研究,2004（12）.

[30] 王宗光,赵文华. 促进人的全面发展：高等教育创新的使命与挑战 [J]. 复旦教育论坛,2003（4）.

[31] 方园,张继河. 我国高等教育目的的制定与反思 [J]. 教书育人,2018（36）.

[32] 余小波,黄好,刘潇华. 潘懋元高等教育管理思想探析 [J]. 大学教育科学,2020（4）.